Duden-Ratgeber

Rechtschreibung für Fortgeschrittene

Duden-Ratgeber

Rechtschreibung für Fortgeschrittene

Der umfassende Ratgeber zur Rechtschreibung und Zeichensetzung

Von Antje Kelle
in Zusammenarbeit mit
der Dudenredaktion

Dudenverlag
Mannheim · Zürich

Die **Duden-Sprachberatung** beantwortet Ihre Fragen
zu Rechtschreibung, Zeichensetzung, Grammatik u. Ä.
montags bis freitags zwischen 08:00 und 18:00 Uhr.
Aus Deutschland: 09001 870098 (1,86 € pro Minute aus dem Festnetz)
Aus Österreich: 0900 844144 (1,80 € pro Minute aus dem Festnetz)
Aus der Schweiz: 0900 383360 (3,13 CHF pro Minute aus dem Festnetz)
Die Tarife für Anrufe aus den Mobilfunknetzen können davon abweichen.
Den kostenlosen Newsletter der Duden-Sprachberatung können Sie
unter www.duden.de/newsletter abonnieren.

Bibliografische Information der Deutschen Nationalbibliothek
Die Deutsche Nationalbibliothek verzeichnet diese Publikation in der Deutschen Nationalbibliografie; detaillierte bibliografische Daten sind im Internet über http://dnb.d-nb.de abrufbar.

Bibliographisches Institut GmbH, Dudenstr. 6, 68167 Mannheim

Redaktion: Dr. Kathrin Kunkel-Razum
Herstellung: Monika Schoch

Typografie: init · Büro für Gestaltung, Bielefeld
Umschlaggestaltung: Büroecco, Augsburg
Satz: fotosatz griesheim GmbH
Druck und Bindung: Těšínská tiskárna, Štefánikova, 73736 Český Těšín
Printed in Czech Republic

ISBN 978-3-411-75051-1
Auch als E-Book erhältlich unter: ISBN 978-3-411-90288-0
www.duden.de

Inhalt

Beim Festhalten des gesprochenen Wortes als geschriebenes Wort hat man sich immer besondere Mühe gegeben. Die früheste »Schrift« bestand oft aus Bildern, die den gemeinten Gegenstand darstellten. Auf diese Weise wurden aus hörbaren **Lauten** sichtbare **Zeichen.** Im Laufe der Zeit veränderten sich diese Bilder und vereinfachten sich zu grafischen Zeichen, die allmählich ihre konkrete Bedeutung verloren und nur noch einen **Lautwert** hatten. Damit waren sie zu **Buchstaben** geworden, wie man am Beispiel der ägyptischen Hieroglyphen gut ablesen kann.

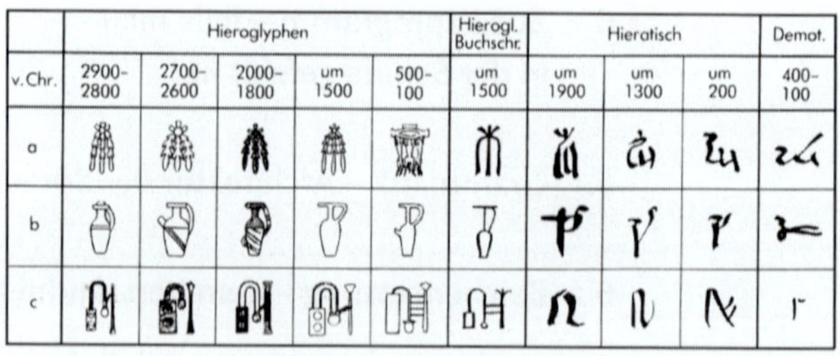

Unser deutsches Alphabet besteht aus 29 Buchstaben, ergänzt um das Sonderzeichen **ß**. Zu unterscheiden sind:

Vokale:	die Selbstlaute	**a, e, i, o, u**
	die Umlaute	**ä, ö, ü**
	die Diphthonge	**au, äu, eu, ei, ai**
Konsonanten:	alle übrigen Laute	

Allerdings reichen diese Buchstaben nicht aus, um alle verschiedenen Laute unserer Sprache durch ein gesondertes Zeichen wiederzugeben, beispielsweise:

Dieser Weg führt vom Steilhang weg.

Das geschriebene **e** ist zugleich ein Zeichen für ein gesprochenes

– kurzes **e** (wie in *weg*),
– langes **e** (wie in *Weg*),
– »genuscheltes« **e** (wie in *dieser*).

Andererseits gibt es auch Laute, die bei identischer Aussprache unterschiedlich geschrieben werden, beispielsweise das lange **a** in folgendem Satz:

Ein paar Sonnenstrahlen erhellen die schmale Lichtung.

Unsere Sprache ist eben gewachsene Sprache und manches hat sich sprachgeschichtlich so ergeben.

Die Schreibung der meisten Wörter folgt jedoch seit Beginn des 20. Jahrhunderts verbindlichen Regeln.
Dies war nicht immer so. Obwohl es schon in frühen Zeiten Bemühungen gab, einheitliche orthografische Normen festzulegen, richtete man sich meist nach den regionalen Schreibgewohnheiten oder nach Traditionen, die sich in Schreibstuben und amtlichen Kanzleien entwickelt hatten. Welche Vielfalt erlaubt war, zeigen folgende Beispiele:

Aus einem Speiseplan (16. Jh.)
Des morgens ain suppen oder gemues, ain millich den arbeitern, den andern ain suppen. – Des Mittags suppen vnd flaisch, ain kraut, ein pfeffer oder eingemacht flaisch ...

Aus einem Brief von Goethe an seine Schwester (21.06.1765)
Liebe Schwester.
Damit du nicht glaubest ich habe dich unter den schwärmenden Freuden eines starck besuchten Bades gantz vergessen; so will ich dir, einige absonderliche Schicksaale die mir begegnet, in diesem Briefgen, zu wissen thun. Dencke nur wir haben allhier – Schlangen, das häßliche Ungeziefer macht den Garten, hinter unserem Hause, gantz unsicher. Seit meinem Hierseyn, sind schon 4 erlegt worden.

Unsere heute geltenden Regeln sind allerdings nicht für alle Zeiten festgeschrieben. Unsere Sprache ist weiterhin im Fluss und ebenso sind es auch die Normen für die Rechtschreibung. Immer wieder gab es kleine Änderungen – beispielsweise wurde aus dem *Elephanten* ein *Elefant* und aus dem *Telephon* ein *Telefon* – und auch die Neuregelung der Rechtschreibung im Jahre 2006 wird sicherlich nicht die letzte sein.

1.1 Schärfung des Ohres – das heimliche Selbstgespräch

Viele Wörter tun uns den Gefallen, uns ihre Schreibweise **hören** zu lassen: Wenn wir sorgfältig sprechen, nehmen wir feine Unterschiede wahr, beispielsweise zwischen:

Küste	↔	*Kiste*
Tang	↔	*Tank*
Jagd	↔	*Jacht*

Dadurch können wir uns oft von unserem Ohr »diktieren« lassen und fehlerfrei schreiben. Man sollte daher nicht zu stolz sein, ein schwieriges Wort einmal leise (oder nur in Gedanken) vor sich hin zu sprechen: besser ein heimliches Probesprechen als ein öffentlicher Fehler!

Die erste Faustregel lautet also: **Aussprache beachten!** Denn oft kann man die richtige Schreibweise hören. Hilfreich ist diese Faustregel vor allem bei ähnlich klingenden Lauten wie **pf/f** oder **ä/e**, deren korrekte Schreibweise sich zu erkennen gibt, wenn wir sie präzise aussprechen, beispielsweise:

Pflug	↔	*Flug*
Pfund	↔	*Fund*
Hopfen	↔	*hoffen*
Bären	↔	*Beeren*
Gewähr	↔	*Gewehr*
Sämann	↔	*Seemann*

Wichtig ist solche Aufmerksamkeit auch bei den **s-Lauten,** die bei harter/stimmloser Aussprache anders geschrieben werden als bei weicher/stimmhafter, beispielsweise:

Geißel	↔	*Geisel*
reißen	↔	*reisen*
fließen	↔	*fliesen*

Besonders nützlich ist diese Faustregel, wenn man bei Vokalen darauf achtet, ob sie lang oder kurz ausgesprochen werden; denn dies hat oft Auswirkungen auf die Schreibweise der nachfolgenden Konsonanten, wie sich an einigen Beispielen ablesen lässt.
Wörter mit langem Stammvokal:

Stahl – *wir* – *fühlen*

Wörter mit kurzem Stammvokal:

Stall – *wirr* – *füllen*

An folgenden Wörtern lässt sich das Ohr schärfen:

langer Stammvokal		**kurzer Stammvokal**
lahm	↔	*Lamm*
Saat	↔	*satt*
Rate	↔	*Ratte*
Beet	↔	*Bett*
zehren	↔	*zerren*
den	↔	*denn*
Miete	↔	*Mitte*
schief	↔	*Schiff*
wir	↔	*wirr*
Robe	↔	*Robbe*
Ofen	↔	*offen*
Koma	↔	*Komma*

Allerdings hilft diese Faustregel nicht immer, wie die folgenden Beispielwörter zeigen, die trotz gleicher Aussprache unterschiedlich geschrieben werden:

viel	↔	*fiel*
Kelter	↔	*kälter*
wider	↔	*wieder*

Aber solche Fälle kommen selten vor.

Aufgabe 1:
Unterstreichen Sie die Wörter, deren Stammvokal lang ist:

Wall – Wal	*Rahmen – rammen*	*Stiel – still*
Weg – weg	*Rosse – Rose*	*Mole – Molle*

1.2 Rückführung auf die Grundform – solider Bezugspunkt

Manchmal stutzt man beim Lesen, beispielsweise:

Er	*kannte*	*sie gut.*
Die	*Kante*	*ist scharf.*
Ihr	*schafft*	*Tatsachen.*
Der	*Schaft*	*ist verziert.*
Es	*gurrt*	*laut im Taubenschlag.*
Der	*Gurt*	*sitzt stramm.*

Auch mit geschärftem Ohr kann man keinen Unterschied zwischen den entsprechenden Wörtern hören, und doch unterscheiden sie sich in der Schreibweise.
Die Begründung für die Schreibweise der **Verben** erfährt man, wenn man sie auf ihre Grundform, den **Infinitiv,** zurückführt, also:

(er) kannte	*← kennen*
(ihr) schafft	*← schaffen*
(es) gurrt	*← gurren*

Man sieht dann, dass ein Doppelkonsonant im Infinitiv bei der Beugung erhalten bleibt.
Auch folgende Beispiele bestätigen dies:

Er	*starrt (← starren)*	*geradeaus.*
Der	*Start*	*verlief glatt.*

Sie	*harrt (← harren)*	*eines Zeichens.*
Wie	*hart*	*ist das Warten.*
Es	*wellt (← wellen)*	*sich.*
Die	*Welt*	*ist rund.*
Es	*schellte (← schellen)*	*auf dem Flur.*
Die	*Schelte*	*war berechtigt.*
Es	*hallt (← hallen)*	*durch die Gasse.*
Es ist	*halt*	*so.*
Er	*ballt (← ballen)*	*seine Faust.*
Aber	*bald*	*beruhigt er sich.*
Ihr	*fasst (← fassen)*	*kräftig zu.*
Aber	*fast*	*hätte er verloren.*
Sie	*hasst (← hassen)*	*Hektik und Stress.*
Durch	*Hast*	*macht man Fehler.*

Die Tatsache, dass sich die Schreibweise gebeugter Verben nach ihrem Infinitiv richtet, kann auch bei Wörtern helfen, deren Laute sich bei sorgfältiger Aussprache nur schwer zu erkennen geben. Der Abgleich mit dem Infinitiv schafft dann Eindeutigkeit, die man hören kann, beispielsweise:

Bald	*sinkt (← sinken)*	*die Sonne.*
Er	*singt (← singen)*	*gern.*
Sie	*versenkt (← versenken)*	*sich in das Buch.*
Hitze	*versengt (← versengen)*	*das Gras.*

Die Rückführung auf die Grundform eines Wortes empfiehlt sich auch beim Plural von Substantiven, bei denen man unsicher ist, ob ihr Stammvokal **e** oder **ä** lautet, beispielsweise: *die Felle* oder *die Fälle*. Hier ist der **Nominativ Singular** entscheidend: Wenn dieser ein **a** aufweist, wird der Plural mit dem Umlaut **ä** geschrieben, also:

die Felle	*← das Fell*
die Fälle	*← der Fall*

Genauso auch:

die Wände	*(← die Wand),*	aber	*die Wende*
die Ställe	*(← der Stall),*	aber	*die Stelle*

Die zweite Faustregel lautet also: **Grundform gesucht!** Denn gebeugte Wortformen richten sich (fast immer, vgl. hierzu Seite 25, 33) nach der Schreibweise ihrer Grundform.

Aufgabe 2:
Ergänzen Sie die jeweilige Grundform:

Du sonnst (←...................) dich. ↔ Sonst arbeitest du.

Es passte (←...................) mir. ↔ Die Paste schmeckt.

Das Wasser rinnt (←...................). ↔ Dies ist ein Rind.

Äpfel (der ....), Dämme (der ....),

Gäste (der ....)

1.3 Herleitung vom Stammwort – die hilfreiche Verwandtschaft

Zu den zentralen Grundsätzen der deutschen Rechtschreibung gehört das **Stammwortprinzip:** Es besagt, dass Wörter derselben **Wortfamilie** in der Regel gleich geschrieben werden. So endet beispielsweise der Wortstamm der folgenden Wörter mit demselben Konsonanten **d:**

leiden – leidvoll – Leidtragender – leidlich – leidgeprägt

Im Unterschied dazu endet der Wortstamm einer anderen Wortfamilie mit dem Konsonanten **t:**

leiten – Leitspruch – Leitantrag – ableitbar – Zuleitung

Wenn wir also einmal unsicher sind, ob wir die Adjektive *leidlich* und *ableitbar* richtig geschrieben haben, so brauchen wir nur nach dem jeweiligen Stammwort Ausschau zu halten: *leiden* und *leiten*; dann können wir von ihm die richtige Schreibweise übernehmen.
Oft reicht es auch schon, uns nach irgendeinem anderen Wort derselben Wortfamilie zu richten, das wir problemlos schreiben können. Möchten wir beispielsweise sichergehen, dass wir *Schuldner* fehlerfrei geschrieben haben, so können wir bei verwandten Wörtern »abgucken«, ohne auf das Stammwort *schulden* zu achten, beispielsweise bei *schuldig/Entschuldigung/Anschuldigung*.

Die dritte Faustregel lautet also: **Abgucken erlaubt!**
Denn der Wortstamm derselben Wortfamilie wird (fast immer) gleich geschrieben.

Auch folgende Beispiele bestätigen dies:

Verhandlung	← *handeln*
Verhältnis	← *halten*
Stoßrichtung	← *stoßen*
Lesart	← *lesen*
Funkspruch	← *funken*
Fangschaltung	← *fangen*

Seit der Neuregelung der Rechtschreibung müssen wir allerdings bei einigen Wörtern umlernen, da sie bisher vom Verwandtschaftsprinzip abgewichen sind, beispielsweise jetzt:

aufwendig oder *aufwändig*	← *aufwenden* oder *Aufwand*
Bändel	← *Band*
behände	← *Hand*
belämmert	← *Lamm*
einbläuen	← *blau*
Gämse	← *Gams*

Gräuel	← *grau*
schnäuzen	← *Schnauze*
Stängel	← *Stange*
überschwänglich	← *Überschwang*

Einige Wortfamilien weisen jedoch Unregelmäßigkeiten auf, sodass man sich einzelne Wörter einprägen muss, beispielsweise:

brennen	← *Brand*
Eltern	← *alt*
Henne	← *Hahn*
kentern	← *Kante*
merken	← *Marke*
schmecken	← *Geschmack*
stemmen	← *Stamm*
wecken	← *wach*

Aufgabe 3:
Streichen Sie die falschen Buchstaben und notieren Sie das Stammwort, von dem Sie »abgucken« können.

Bünd/tnis ....

Behäld/tnis ....

nachweis/ßlich ....

reis/ßfest ....

Flagg/ckschiff ....

Logg/ckruf ....

1.4 Zerlegung in die Bauteile – Wortanalyse, die Erfolg verspricht

Viele deutsche Wörter sind wahre Meisterwerke sprachlicher Architektur: Durch Verzahnung einzelner Bauteile entstehen kunstvolle Konstruktionen, beispielsweise:

Un – vor – stell – bar – keit
Stand – ort – be – stimm – ung
Meister – schafts – wett – be – werb

Einige dieser Bauteile haben eine feste Form, deren Schreibweise man sich leicht einprägen kann: Dies gilt vor allem für die unveränderlichen **Vor- und Nachsilben,** beispielsweise

die festen Vorsilben **Miss-** und **Ver-:**

Missachtung	*Verdienst*
Missdeutung	*Versprechen*
Misswirtschaft	*Verteidigung*

und die festen Nachsilben **-nis** und **-sal:**

Ereignis	*Mühsal*
Gefängnis	*Drangsal*
Versäumnis	*Schicksal*

Es lohnt also, sein Auge für solche Fertigbauteile unserer Sprache zu schulen.

Andere Wörter dagegen verunsichern uns nur so lange, bis wir den Sinn ihrer Teilstücke durchschauen, beispielsweise:

Endfassung *Endzweck* *endlich*

Bei näherem Hinsehen erkennt man, dass im ersten Bestandteil aller Beispiele das Wort *Ende* enthalten ist, was zur Schreibung mit **d** führt.

Im Gegensatz hierzu stehen Wörter wie diese:

Entscheidung *Entstehung* *entschuldigen*

Hier zeigen alle Beispiele die Vorsilbe **ent-,** die zur Schreibung mit **t** führt.
Man braucht sich also nur ein wenig zu konzentrieren und sich die **Bedeutung der Einzelteile** klarzumachen; dann ergibt sich die richtige Schreibweise (fast) von selbst, beispielsweise:

Stadtteil	↔	*Statthalter*
stadteinwärts	↔	*stattfinden*
Kreisstadt	↔	*Werkstatt*
(Ort)		(Platz/Stelle)
Längengrad	↔	*Berggrat*
Wärmegrad	↔	*Rückgrat*
Gradmesser	↔	*Gratwanderung*
(Maßeinteilung)		(Kante)

Die inhaltliche Klärung kann jedoch manchmal auch etwas schwieriger sein, beispielsweise bei ***tot/Tod:*** Das Adjektiv *to***t** fügt sich meist an ein Verb und meint dann den *Zustand*; das Substantiv *To**d*** fügt sich meist an ein Adjektiv und hat dann Vergleichscharakter im Sinne *wie der To**d**,* beispielsweise:

totarbeiten	↔	*todernst*
totfahren	↔	*todmatt*
totsagen	↔	*todfeind*

Ähnlich komplex ist auch die Unterscheidung von ***wieder/wider***: *Wieder* bedeutet *erneut/zurück*, *wider* bedeutet *gegen*, wie folgende Beispiele zeigen:

wiederholen	↔	*widerstreben*
wiederkommen	↔	*widersprechen*
wiederbringen	↔	*widerwillig*

Die vierte Faustregel lautet also: **Nachdenken erwünscht!** Denn zahlreiche Wörter lassen sich leichter schreiben, wenn man sie in ihre Bauteile zergliedert.

Aufgabe 4:
Setzen Sie die fehlenden Buchstaben ein:

f oder v?	Die ...ertigung sorgte für die ...tiefung der Löcher.
f oder v?	Die Zusammenarbeit mit dem ...orderen Orient ...ordert viel Sachkenntnis.
u oder uh?	Die .....ralte Stand.....r tickt immer noch.

1.5 Verlängerung des Wortes – damit auch der letzte Buchstabe stimmt

Besondere Probleme bereitet uns oft der letzte Buchstabe eines Wortes, der Auslaut. Warum heißt es beispielsweise:

Kalb	*Alp*
Leid	*Zeit*
Berg	*Werk*

Auch sorgfältige Aussprache der Wörter im Sinne der ersten Faustregel (vgl. Seite 10) hilft hier wenig; denn die weichen Konsonanten **b, d, g** unterscheiden sich im Auslaut kaum von den harten Konsonanten **p, t, k.**
Es gibt jedoch einen kleinen Trick, der immer (!) zum Erfolg führt: Wenn man das betreffende Wort so verändert, dass der letzte Buchstabe mitten in das Wort rückt, also in den **Inlaut,** kann man seine Schreibweise hören, beispielsweise:

das Kalb	→	*die Kälber*
die Alp	→	*die Alpen*
das Leid	→	*die Leiden*
die Zeit	→	*die Zeiten*

der Berg	→	*die Berge*
das Werk	→	*die Werke*

Wie man sieht, eignet sich zur Verlängerung der **Substantive** ihre Umformung zum **Nominativ Plural.** Ähnlich auch:

das Rad	→	*die Räder*
die Tat	→	*die Taten*
der Pfad	→	*die Pfade*
die Saat	→	*die Saaten*

Aber auch die verlängerte Wortform des **Genitivs Singular** erfüllt meist denselben Zweck, beispielsweise:

der Dieb	→	*des Diebes*
der Lump	→	*des Lumpen*
der Sud	→	*des Sudes*
der Mut	→	*des Mutes*
der Zwang	→	*des Zwanges*
der Zank	→	*des Zankes*

Solche Wortverlängerung nützt auch bei **Adjektiven** und **Verben,** beispielsweise:

taub	→	*(die) tauben ...*
plump	→	*(die) plumpen ...*
fremd	→	*(die) fremden ...*
weit	→	*(die) weiten ...*
karg	→	*(die) kargen ...*
krank	→	*(die) kranken ...*

bleib!	→	*bleiben Sie!*
hup!	→	*hupen Sie!*

sie vermied	→	*sie vermieden*
sie riet	→	*sie rieten*
er schlang	→	*sie schlangen*
er trank	→	*sie tranken*

Die fünfte Faustregel lautet also: **Verlängern empfohlen!** Denn wenn der Auslaut zum Inlaut wird, hört man, wie er geschrieben wird.

Aufgabe 5:
Bilden Sie eine Verlängerungsform und ergänzen Sie die Buchstaben:

b oder p?	der Kor.....	....
	schla.....	....
d oder t?	das Kin.....	....
	das Blu.....	....
g oder k?	der Zwer.....	....
	die Ban.....	....

2.1 Konsonanten – Entscheidungshilfe für Mitlaute

2.1.1 Anzahl gleicher Konsonanten – eigentlich ganz einfach

Einfacher Konsonant – Bescheidenheit ist angesagt

Wie viele Beispielwörter für die Faustregeln erkennen lassen, hängt die Schreibung eines Lautes oft von den Buchstaben im unmittelbaren Umfeld ab.

Für die Anzahl der Konsonanten heißt dies, sowohl auf den vorangehenden als auch auf den nachfolgenden Buchstaben zu achten.

Regel 1 **Nach langem Vokal** steht immer nur ein einfacher Konsonant, beispielsweise:

Bad	*sagen*
her	*geben*
Spiel	*liefern*
Not	*roden*
gut	*rufen*

Da zwei Vokalen als Bestandteilen eines Diphthongs/Zwielauts der Wert eines langen Vokals zukommt, gilt dieselbe Vorschrift auch für Konsonanten, die auf einen Diphthong folgen.

Regel 2 **Nach Diphthong** steht immer nur ein einfacher Konsonant, beispielsweise:

Pause	*taugen*
Kreide	*schreiben*
Weide	*schneiden*
Keule	*beugen*
Meute	*zeugen*

Es gibt allerdings auch Wörter, bei denen nach kurzem Vokal nur ein einfacher Konsonant steht. Ursache hierfür sind die Buchstaben, die auf den Konsonanten folgen.

Regel 3 Ein einfacher Konsonant steht **nach einem kurzen Vokal,** wenn (mindestens) ein weiterer andersartiger Konsonant folgt **(Konsonantenhäufung),** beispielsweise:

Falte	*Rand*
wenden	*Heft*
Stift	*knipsen*
Knopf	*Sorge*
Dunst	*turnen*

Vereinzelt gibt es hierbei Wörter, die den Eindruck erwecken, als passten sie problemlos zu dieser Regel, beispielsweise:

insgesamt – *Geschäft* – *Geschwulst*

Äußerlich unterscheiden sie sich auch nicht: Der fragliche Konsonant steht jeweils nach einem kurzen Vokal und ihm folgt (mindestens) ein weiterer andersartiger Konsonant. Wenn man sich jedoch an die dritte Faustregel erinnert, nach der sich Ableitungen (fast immer) nach der Schreibweise des Stammwortes richten, so stellt sich Irritation ein:

insgesamt	kommt von	*sammeln*
Geschäft	kommt von	*schaffen*
Geschwulst	kommt von	*schwellen*

Die Konsonantenhäufung bei diesen Wörtern bewirkt jedoch, dass ihre Schreibweise vom Stammprinzip abweicht. Die Anzahl solcher **Ausnahmen** ist jedoch überschaubar; zu ihnen gehören beispielsweise auch:

Gestalt	kommt von	*stellen*
Gunst	kommt von	*gönnen*
Hülse	kommt von	*hüllen*
Inbrunst	kommt von	*brennen*

Klaps	kommt von	*klappen*
Kunde	kommt von	*kennen*
Kunst	kommt von	*können*

Aufgabe 6:
Erklären Sie, warum in folgenden korrekt geschriebenen Wörtern keine Konsonantenhäufung wie bei den Ausnahmen vorliegt, obwohl es bei flüchtigem Blick so aussieht:

Scha**ffn**er ‹ schaffen, Mä**ppch**en ‹ Mappe, stimm**t** ‹ stimmen

Doppelter Konsonant – Verstärkung gesucht

Auch für die Schreibung eines Doppelkonsonanten ist es unerlässlich, die Laute zu beachten, die ihm vorangehen und die ihm folgen. Hauptkriterium ist hierbei, dass **der vorangehende Vokal betont wird und kurz** ist.
Da aber Regel 3 auch für kurze Vokale gilt, ist eine Präzisierung nötig.

Regel 4 Nach einem betonten kurzen Vokal wird der Konsonant verdoppelt, wenn auf ihn wieder ein Vokal folgt. Der Konsonant steht also **zwischen zwei Vokalen,** beispielsweise:

Hammer	*Kanne*
Kette	*Elle*
immer	*innen*
sollen	*Tonne*
murren	*summen*

Achtung! Diese Regel gilt auch für den **Plural** von Wörtern mit der unbetonten **Nachsilbe -in** und **-nis.** Diese Formen wird jedoch jeder intuitiv richtig schreiben, ohne diese Vorschrift zu kennen, beispielsweise:

Königinnen *Leiterinnen* – *Bedürfnisse* *Bedrängnisse*

Regel 5 Nach einem betonten kurzen Vokal wird der Konsonant verdoppelt, wenn er **im Auslaut** steht, beispielsweise:

Bann	*Kamm*
nett	*schnell*
Kitt	*Griff*
voll	*fromm*
Mull	*krumm*

Regel 6

Nach einem betonten kurzen Vokal wird **in einer gebeugten Verbform** der Konsonant verdoppelt, wenn die **Grundform,** der Infinitiv, bereits einen Doppelkonsonanten enthält (vgl. zweite Faustregel), beispielsweise:

er schnappt (schnappen)	*es knallte (knallen)*
sie stemmt (stemmen)	*er bellte (bellen)*
es klirrt (klirren)	*sie tippte (tippen)*
er kommt (kommen)	*er wollte (wollen)*
sie knurrt (knurren)	*sie murrte (murren)*

Regel 7

Nach einem betonten kurzen Vokal wird **in abgeleiteten Wörtern** der Konsonant verdoppelt, wenn das **Stammwort** bereits einen Doppelkonsonanten enthält (vgl. dritte Faustregel), beispielsweise:

Klappstuhl (klappen)	*Pappmaterial (Pappe)*
Klemmstativ (klemmen)	*Angestellter (stellen)*
Wippmechanismus (wippen)	*Bittgesuch (bitten)*
Wollfaden (Wolle)	*Rollvorgang (rollen)*
Summgeräusch (summen)	*Brummton (brummen)*

Achtung! Einige einsilbige Wörter mit grammatischer Funktion bilden jedoch **Ausnahmen,** da sie mit einem einfachen Konsonanten enden, beispielsweise:

ab – an – am – bis – es – hin – in – im – man – mit – ob – um – von – was – weg

Achtung! Einzelne Wörter werden seit der Neuregelung anders geschrieben:
Die Substantive *Zähheit* und *Rohheit* weisen äußerlich nun zwei gleiche Konsonanten auf; es handelt sich aber nicht um eine Verdoppelung des Konsonanten. Denn beide

Wörter bestehen aus zwei Wortteilen: einem Adjektiv und einer Substantiv-Nachsilbe. Bei ihrer neuen Schreibung wird die ungekürzte Form der Adjektive berücksichtigt:

zäh → *Zäh-heit* *roh* → *Roh-heit*

Auch das Wort *Tollpatsch* müssen wir jetzt anders schreiben als bisher, da seine Schreibweise an die des Adjektivs *toll* angeglichen wurde, nämlich:

toll → *Tollpatsch*

Aufgabe 7:
Setzen Sie die fehlenden Buchstaben ein und bedenken Sie dabei die Regeln 1 bis 7.

b/bb? Bald ist E.....e. Der Strand ist e.....en.

l/ll? Laut ge.....ten die Pfiffe. Gesetze ge.....ten für jeden.

n/nn? Ich dü.....ste Gemüse. Dies ist die dü.....ste Scheibe.

Dreifacher Konsonant – das markante Trio

Seit der Neuregelung der Rechtschreibung gilt:

Regel 8 Treffen bei Zusammensetzungen drei gleiche Konsonanten aufeinander, so bleiben **alle erhalten,** beispielsweise:

Balletttänzer	*Schritttempo*
Kennnummer	*Brennnessel*
Schifffahrt	*Stofffarbe*
Schnellläufer	*Bestellliste*
Schlusssatz	*Kongresssaal*

Regel 9 Beim Zusammentreffen von drei gleichen Konsonanten kann bei Substantiven wegen der **besseren Lesbarkeit** ein **Bindestrich** gesetzt werden, beispielsweise:

Auspufffl amme	oder	*Auspuff-Flamme*
Delikatesssenf	oder	*Delikatess-Senf*
Geschirrreiniger	oder	*Geschirr-Reiniger*
Kunststofffolie	oder	*Kunststoff-Folie*
Metalllegierung	oder	*Metall-Legierung*

Ob bei obigen Beispielwörtern von der Schreibung mit Bindestrich Gebrauch gemacht wird, bleibt der individuellen Einschätzung des Schreibenden überlassen.

Bei folgenden Wörtern sei jedoch Zusammenschreibung empfohlen:

Imbissstube	*Flussschifffahrt*
Fresssack	*Nussschokolade*
Passstraße	*Schlussstrich*

Regel 10 Beim Zusammentreffen von drei gleichen Konsonanten ist bei **Adjektiven** und **Verben** ein Bindestrich zwar zulässig, jedoch nicht empfehlenswert, beispielsweise:

grifffest	*stickstofffrei*
fetttriefend	*schnelllebig*
helllicht	*helllila*
schusssicher	*schussstark*
wettturnen	*volllaufen*

Achtung! Bei folgenden Wörtern entfällt (schon immer) der dritte Konsonant:

dennoch	entstanden aus:	*denn noch*
Drittel	entstanden aus:	*dritter Teil*
Mittag	entstanden aus:	*Mitte des Tages*

Die Streichung des dritten Konsonanten gilt auch für den Fall, dass diese Wörter wegen des Zeilenendes getrennt werden:

den-noch *Drit-tel* *Mit-tag*

Aufgabe 8:
Überlegen Sie, ob bei folgenden Wörtern wegen der besseren Lesbarkeit die Schreibung mit oder ohne Bindestrich zu bevorzugen ist, und schreiben Sie sie in dieser Form in die empfohlene Zeile. (Orthografisch sind beide Schreibungen korrekt.)

stilllegen – Schrotttransport – Stresssituation – Schwimmmeisterschaft – Flusssand – Messstab – vollleibig – schussschwach – Fußballländerspiel

Empfohlene Schreibung (Substantiv): ein Wort

....

....

Empfohlene Schreibung (Substantiv): mit Bindestrich

....

....

Empfohlene Schreibung (Adjektiv und Verb): ein Wort

....

....

Fremdwörter: Anzahl der Konsonanten – Toleranz für Zugereiste

Vorab ein Hinweis: Da jedes Fremdwort, das Eingang in die deutsche Sprache gefunden hat, eine eigene Geschichte hat, gibt es keine verbindlichen Regeln, die ihre Schreibweise systematisch vorschreiben. Jeder Fall ist ein Einzelfall.

Viele Fremdwörter haben sich die Schreibweise ihrer Herkunftssprache unverändert bewahrt, beispielsweise:

aus dem Griechischen:	*These* *Sphäre*
aus dem Lateinischen:	*Doktor* *Direktor*
aus dem Französischen:	*Silhouette* *Feuilleton*
aus dem Englischen:	*tough* *Match*
aus dem Arabischen:	*Razzia* *Muezzin*

Andere Wörter haben einen langen Weg hinter sich und haben sich inzwischen den deutschen Gepflogenheiten so angepasst, dass ihre anderssprachige Herkunft oft nur noch wenigen bewusst ist, beispielsweise:

aus dem Griechischen:	*Thron* *Chor*
aus dem Lateinischen:	*Mode* *Nummer*
aus dem Französischen:	*Büro* *flanieren*
aus dem Englischen:	*Sport* *boxen*
aus dem Arabischen:	*Ziffer* *Kaffee*

Solche Angleichung an die deutsche Sprache kann im Laufe der Zeit so umfassend sein, dass **Fremdwörter** unmerklich zu **Lehnwörtern** werden, deren fremde Herkunft nur noch Fachleuten bekannt ist, beispielsweise:

aus dem Lateinischen:	*Mauer*	(lat. *murus*)
	Fenster	(lat. *fenestra*)
	Ziegel	(lat. *tegula*)

Der Prozess der Eindeutschung wird manchmal auch künstlich hervorgerufen, so zum Beispiel bei der Neuregelung der Rechtschreibung.

Seitdem haben wir uns an folgende Neuerungen zu gewöhnen: Ein bisher einfacher Konsonant wird jetzt verdoppelt, beispielsweise bei:

Ass	(bisher: *As*)
frittieren	(bisher: *fritieren*)
Karamell	(bisher: *Karamel*)
Mopp	(bisher: *Mop*)
nummerieren	(bisher: *numerieren*)
Quickstepp	(bisher: *Quickstep*)
Stepptanz	(bisher: *Steptanz*)
Stopp	(bisher: *Stop*)
Tipp	(bisher: *Tip*)

Im Gegensatz dazu ist nun bei einigen Fremdwörtern eine alternative Schreibweise möglich, so bei:

Portemonnaie	oder	*Portmonee*
Waggon	oder	*Wagon*
Trekking	oder	*Trecking*

Aufgabe 9:
Die folgende Auswahl von Fremdwörtern enthält 10 Fehler. Streichen Sie die Wörter, die nur einen einfachen Konsonanten haben dürfen.

appart – Aggression – Akkord – Allarm – Appell – Apparat – Barrikade – Boykott – brillant – Chauffeur – Chiffre – Differenz – Gallerie – Ellipse – Galopp – Hallunke – Interesse – Kabarett – Kammerad – Karrikatur – Karussell – Kommödie – Kommunikation – Lappalie – Litteratur – Makkaroni – Omelett – Pallast – Parallele – Protokoll – Rabbiner – Spritt

2.1.2 Wahl der Konsonanten – die meisten Probleme lassen sich leicht lösen

s oder *ss* oder *ß*? – Gebrauchsanweisung ohne Kleingedrucktes

Die Schreibweise der s-Laute ist durch die Neuregelung der Rechtschreibung zwar etwas vereinfacht worden; aber sie erfordert immer noch größere Aufmerksamkeit, da es drei unterschiedliche Formen der s-Laute gibt:

s	für den weichen/stimmhaften s-Laut
ss und **ß**	für den harten/stimmlosen s-Laut.

Regel 11 **Nach langem Vokal oder nach Diphthong** steht **im Inlaut** ein einfaches **s,** wenn der Laut weich/**stimmhaft** gesprochen wird, beispielsweise:

Hase	*brausen*
Wesen	*weisen*
Riese	*nieseln*
Dose	*tosen*
Dusel	*gruseln*

Regel 12 **Nach einem Konsonanten** steht immer nur ein einfaches **s,** beispielsweise:

Hals	*fransen*
Fels	*Ferse*
Schlips	*Linse*
Klops	*morsen*
Kurs	*grinsen*

Regel 13 **Nach betontem kurzem Vokal** steht jetzt **ss,** wenn **kein Konsonant folgt.** Der s-Laut wird **stimmlos** gesprochen, beispielsweise:

Fass	*lassen*
kess	*essen*
Biss	*wissen*
Tross	*Drossel*
Genuss	*Dussel*

Achtung! Bei **Konsonantenhäufung** steht nach kurzem Vokal (im Sinne der Regel 3) ein einfaches **s** wie beispielsweise in:

raspeln – Wespe – wispern – kosten – Kruste

Regel 14 **Nach langem Vokal** und **nach Diphthong** steht **im Inlaut ß,** wenn der Laut hart/**stimmlos** gesprochen wird und **kein Konsonant folgt,** beispielsweise:

Straße	*spaßen*
Meißel	*reißen*
Gießerei	*genießen*
Soße	*stoßen*
Muße	*fußen*

Achtung! Da es keinen **Großbuchstaben ß** gibt, ersetzt man ihn (als Notlösung) in großgeschriebenen Wörtern durch **SS:**

Straße	→	*STRASSE*
Meißel	→	*MEISSEL*
Gießerei	→	*GIESSEREI*
genießen	→	*GENIESSEN*
stoßen	→	*STOSSEN*

Da **s** und **ß** (nach langem Vokal) im Auslaut phonetisch nicht unterscheidbar sind, sind noch zwei weitere Regeln nötig:

Regel 15 **Nach langem Vokal** und **nach Diphthong** steht **im Auslaut s**, wenn die **Verlängerung s** ergibt, beispielsweise:

Gras	*(die) Gräser*
Reis	*(des) Reises*
Verlies	*(des) Verlieses*
Los	*(die) Lose*
Mus	*(des) Muses*

Regel 16 **Nach langem Vokal** und **nach Diphthong** steht **im Auslaut ß,** wenn die **Verlängerung ß** ergibt, beispielsweise:

Maß	*(die) Maße*
heiß	*(die) heißen ...*
Grieß	*(des) Grießes*
groß	*(die) großen ...*
Gruß	*(die) Grüße*

Achtung! Bei einigen **Verben mit s-Lauten im Infinitiv** muss man sehr aufpassen: Ihr Stammvokal kann nämlich bei der Konjugation zwischen langem und kurzem Vokal (und umgekehrt) wechseln, sodass dies Auswirkungen auf den jeweils nachfolgenden s-Laut hat:
Unter ihnen befinden sich Verben, die **im Infinitiv** einen **langen Stammvokal** aufweisen und daher mit **ß** geschrieben werden, beispielsweise *sprie**ß**en.*
Da aber der Vokal **im Präteritum kurz** ist, muss der s-Laut mit **ss** geschrieben werden: *spro**ss**.*

Dies gilt beispielsweise auch für:

fließen	→	*es floss*
gießen	→	*es goss*
schießen	→	*er schoss*
schließen	→	*sie schloss*
verdrießen	→	*es verdross*

Genauso auch für:

beißen	→	*er biss*
reißen	→	*es riss*
schmeißen	→	*er schmiss*
spleißen	→	*es spliss*
verschleißen	→	*sie verschliss*

Dasselbe gilt manchmal auch für **Wörter derselben Stammfamilie.** Es kommt manchmal vor, dass ein Substantiv im Auslaut nach kurzem Stammvokal mit **ss** geschrieben wird, obwohl das dazugehörige Verb im Inlaut nach langem Stammvokal **ß** aufweist. Innerhalb derselben

Wortfamilie kann also (in Abweichung von Faustregel 3) die **Schreibweise wechseln,** beispielsweise:

fließen	→	*der Fluss*
gießen	→	*der Guss*
schießen	→	*der Schuss*
schließen	→	*der Schluss*
verdrießen	→	*der Verdruss*

Genauso auch:

beißen	→	*der Biss*
reißen	→	*der Riss*
schmeißen	→	*der Schmiss*
spleißen	→	*der Spliss*

Achtung! Bei Verben mit einem einfachen **s im Infinitiv** bleibt das **s** bei der gesamten Konjugation erhalten, beispielsweise:

weisen	→	*er wies*
preisen	→	*sie pries*
lesen	→	*wir lasen*
genesen	→	*sie genas*
blasen	→	*es blies*

Auch bei Verben mit **ss** (nach kurzem Vokal) **im Infinitiv** ist Aufmerksamkeit geboten, beispielsweise bei *lassen*. **Im Präteritum** wird der kurze Stammvokal diesmal lang, was wieder Auswirkungen auf die Schreibweise des folgenden s-Lauts hat: ***ließ.***
Dies gilt beispielsweise auch für:

essen	→	*er aß*
fressen	→	*es fraß*
messen	→	*es maß*
vergessen	→	*sie vergaß*

Genauso auch bei anderen Wörtern derselben Wortfamilie, wenn sich der Stammvokal geändert hat, beispielsweise:

fressen	→	*der Fraß*
messen	→	*das Maß*

Das Verb *wissen* wird sogar **ganz unregelmäßig** konjugiert: In den Formen mit kurzem Stammvokal folgt **ss,** in den Formen mit langem Stammvokal folgt **ß:**

ich weiß	→	*ihr wisst*
du weißt	→	*wir wissen*
er/sie/es weiß	→	*sie wissen*
ich wusste	→	*ich habe gewusst*

Aufgabe 10:
Verlängern Sie die Wörter und ergänzen Sie den s-Laut:

Ei….., Prei….., Flei….., Glei….., Krei….., Stei….., Grei…..,

wei….. – Gla….., Ga….., Fra….. – Klo….., Flo….., blo…..

k oder *ck*? *z* oder *tz*? – eine deutsche Spezialität

Eigentlich bräuchte es dieses Kapitel gar nicht zu geben; denn **ck** und **tz** entsprechen im Deutschen den Doppelkonsonanten **kk** und **zz.** Somit gelten dieselben Regeln, die die Anzahl der Konsonanten festlegen. Wegen ihrer besonderen Schreibweise ist es jedoch nützlich, sie gesondert zu behandeln.

Regel 17 **Nach einem betonten kurzen Vokal** steht **ck** bzw. **tz,** beispielsweise:

Sack	*backen*
leck	*wecken*
Trick	*wickeln*
Bock	*locken*
Stück	*buckeln*

Satz	*schmatzen*
Gesetz	*wetzen*
Witz	*schnitzen*
Klotz	*trotzen*
Schutz	*brutzeln*

Achtung! Man schreibt *Päckchen*, aber *Paket*.

Regel 18 **Nach einem Konsonanten** steht **k** bzw. **z,** beispielsweise:

stark	*wanken*
Geschenk	*melken*
Wink	*wirken*
Kork	*torkeln*
Trunk	*tunken*
Harz	*tanzen*
Herz	*schmelzen*
Pelz	*filzen*
Stolz	*abholzen*
Sturz	*würzen*

Regel 19 **Nach langem Vokal** und **nach Diphthong** steht **k** bzw. **z,** beispielsweise:

Klamauk	*schaukeln*
Streik	*takeln*
Pik	*pieken*
Koks	*pokern*
Spuk	*pökeln*
Kauz	*schnauzen*
Geiz	*beizen*
Reiz	*heizen*
Kreuz	*siezen*
Flöz	*duzen*

Regel 20 **In den meisten Fremdwörtern** steht **k** bzw. **z,** beispielsweise:

Kakao	*Strapaze*
elektrisch	*Abstinenz*

Fiktion *Miliz*
Krokant *sozial*
Struktur *Kapuze*

Ausnahmen sind beispielsweise:

Makkaroni, Mokka, Sakko
Hockey, Stuckateur (seit der Reform)

Lipizzaner, Pizza, Skizze
Lakritz, platzieren (seit der Reform)

Aufgabe 11:
Ergänzen Sie die fehlenden Buchstaben.

k oder ck?

ke.....	Wer.....	Fra.....tur	Su.....zession
Lu.....e	hä.....eln	Mü.....e	Kal.....
trin.....	Le.....tor	De.....el	Gau.....elei
tan.....en	sta.....sen	Ma.....rone	Scho.....olade
Mar.....e	Ma.....e	Ma.....el	ti.....en
wel.....	le.....er	Fa.....ultät	hei.....el

z oder tz?

Kran.....	Wal.....e	Ka.....e	Flö.....
trie.....en	Bilan.....	Ignozan.....	Schnau.....e
Bli.....	stür.....en	Mü.....e	Substan.....
Differen.....	se.....en	Kau.....	Pflan.....e
Wei.....en	Mar.....ipan	Wur.....el	Spe.....ialität
Ta.....e	Fe.....en	bau.....!	Ker.....e

x oder *cks/chs/gs*? *v* oder *f/w*? *p* oder *b*? – Ähnliches ist nicht dasselbe

Schon Faustregel 5 (Seite 21) hat bewusst gemacht, dass es einige Laute gibt, deren Konkretisierung als Buchstabe man nicht hören kann. Für den Auslaut kann man jedoch Abhilfe schaffen, wenn man das Wort verlängert, beispielsweise *Gan**s*** → *die Gän**s**e*, *Glan**z*** → *des Glan**z**es.*

Dasselbe Problem gibt es bei einigen Wörtern auch für Buchstaben, die an anderer Position im Wort stehen, beispielsweise: *Te**x**t*, *Kle**cks***, *Eide**chs**e*, *unter**w**e**gs**.* Hier versagt das Ohr seinen Dienst, wenn wir einen **x-Laut** schreiben wollen, für den es mehrere Varianten gibt.

So bleibt uns nichts anderes übrig, als uns diese Wörter einzeln einzuprägen, beispielsweise:

Wörter mit **x:**

Axt	*exakt*
feixen	*fix*
Hexe	*Jux*
Komplex	*lax*
mixen	*kraxeln*

Wörter mit **cks:**

drucksen	*Häcksel*
hinterrücks	*Klecks*
Knacks	*Knicks*
mucksen	*schnurstracks*
tricksen	*zwecks*

Wörter mit **chs:**

Achsel	*Büchse*
Dachs	*Deichsel*
Echse	*Flachs*
Fuchs	*Ochse*
Wachs	*Wuchs*

Wörter mit **gs:**

allerdings	*(← Ding)*	*neuerdings*	*(← Ding)*
keineswegs	*(← Weg)*	*halbwegs*	*(← Weg)*
jählings	*(-lings)*	*blindlings*	*(-lings)*

Bei der letzten Variante (Adverbien mit **gs**) gibt es allerdings eine Schreibhilfe, da sie entweder Wörter betrifft, von deren Stammwort man »abgucken« kann (vgl. Faustregel 3, Seite 15) oder deren Nachsilbe *-lings* erkennbar ist. Auch der Buchstabe **v** kann beim Schreiben irritieren: Manchmal wird ein Laut wie **f** (in ***F**amilie*, ***F**olge*, ***F**uge*) ausgesprochen, aber mit **v** geschrieben, beispielsweise:

Vater	*Veilchen*
Veitstanz	*Vetter*
Vieh	*vielleicht*
Volk	*Vorsorge*

Manchmal wird ein Laut aber wie **w** (in ***W**acholder*, ***W**idder*, ***W**unsch*) ausgesprochen und ebenfalls mit **v** geschrieben, beispielsweise:

Vakuum	*Vase*
vehement	*Veteran*
Violine	*Vision*
Vokabel	*Votum*

Und noch einige andere Wörter können verunsichern, da man ihre Schreibung mit **p** oder **b** phonetisch nur erahnen kann, beispielsweise:

Wörter mit **p:**

Gips	*hopsen*
Kapsel	*Papst*
prompt	*Schnaps*
Stöpsel	*September*

Wörter mit **b:**

Abt	*Erbse*
Herbst	*hübsch*
Krebs	*Lebkuchen*
Obst	*Publikum*

Aufgabe 12:
Setzen Sie folgende Buchstaben zu neun sinnvollen Wörtern zusammen:

Wörter mit x:	EEEIIKLLNNOSSTUUXXXZ
Wörter mit chs:	AÄCCCEEEGHHHLLSSSWW
Wörter mit gs:	CCDEEFGGGHHIIILLLNNRRSSSSTTTU

Fremdwörter: Alternativen zu früherem *ph, t, th, gh, rrh* und *ch* – Eindeutschung nach Augenmaß

Seit der Neuregelung der Rechtschreibung ist bei noch mehr Fremdwörtern als bisher neben der althergebrachten Schreibweise auch eine alternative Schreibweise erlaubt.

Dies betrifft einige Wörter mit **ph,** vor allem dann, wenn ein Bestandteil **-graph** oder **-phon** lautet. Es darf beispielsweise geschrieben werden:

Biografie	oder	*Biographie*
Geografie	oder	*Geographie*
Orthografie	oder	*Orthographie*
Paragraf	oder	*Paragraph*
Stenograf	oder	*Stenograph*
Grammofon	oder	*Grammophon*
Mikrofon	oder	*Mikrophon*
Quadrofonie	oder	*Quadrophonie*
Saxofon	oder	*Saxophon*
Xylofon	oder	*Xylophon*

Achtung! Bei folgenden Wörtern muss man aufpassen:
Hier ist doppelt zu wählen: ***Fotografie*** oder ***Photographie***.
Delfin kann auch *Delphin* geschrieben werden.
Bei *Telefon* kann man nicht wählen.

Die meisten Fremdwörter mit **ph** sind jedoch von den Änderungen nicht betroffen. Es heißt also weiterhin beispielsweise:

Phantom	*Phänomen*
Pharao	*Philosophie*
Phlegma	*Phobie*
Phonetik	*Phrase*
Alphabet	*anthropomorph*
Hieroglyphe	*Apostroph*
Metapher	*apokryph*
Prophet	*isomorph*
Symphonie	*Triumph*

Bei einigen Wörtern, die bisher mit **t** geschrieben wurden, kann man jetzt wählen zwischen **t** und **z,** so bei:

Justiziar	oder	*Justitiar*
Preziosen	oder	*Pretiosen*

Diese Änderung betrifft auch Wörter mit den (bisherigen) Endungen **-tial** und **-tiell.** Für sie gilt jetzt beispielsweise:

Differenzial	oder	*Differential*
existenzial	oder	*existential*
Potenzial	oder	*Potential*
essenziell	oder	*essentiell*
potenziell	oder	*potentiell*
substanziell	oder	*substantiell*

Auch einige **Einzelwörter** haben eine alternative Schreibweise dazugewonnen, beispielsweise:

Panter	oder	*Panther*
Tunfisch	oder	*Thunfisch*
Jogurt	oder	*Joghurt*
Spagetti	oder	*Spaghetti*
Ketschup	oder	*Ketchup*

Unverändert ist jedoch die Schreibung mit **rh** geblieben, und meist auch die mit **th,** beispielsweise:

Rhabarber	*Apotheke*
Rhetorik	*Bibliothek*
Rheuma	*Methode*
Rhododendron	*Theater*
Rhythmus	*Theorie*

Aufgabe 13:
Streichen Sie die falsch geschriebenen Wörter:

grafisch/graphisch	Megafon/Megaphon
Atlet/Athlet	Etik/Ethik
Fotograf/Fotograph	Strofe/Strophe
Hypotrofie/Hypotrophie	sequenziell/sequentiell

2.1.3 Einzelfälle – Fehler haben keine Chance

das oder *dass?* – auf die Funktion kommt es an
»Wenn man *das* ersetzen kann durch *dieses* oder *welches,* wird es mit einem einfachen **s** geschrieben, in allen anderen Fällen mit **ss.«** Wer diesen Satz einmal in der Schule gelernt hat, darf ihn ruhig anwenden, denn er gilt immer noch.
Aber natürlich lässt sich dieser Sachverhalt auch professionell formulieren. Es ist dann zu prüfen, welcher **Wortart** das Wörtchen *das/dass* angehört und welche Funktion es im Satz ausübt. Solche Zuordnung entscheidet nämlich über seine Schreibweise.

Regel 21 Der bestimmte **Artikel** *das* wird mit einem einfachen **s** geschrieben, beispielsweise:

Das Wetter lädt heute zu einem Ausflug an den See ein.
Unser Boot gleitet sacht über das ruhige Wasser.
Wir freuen uns auf das Picknick am Ufer.
Dann genießen wir das Leben ohne Terminkalender.
Manchmal liegt das Urlaubsvergnügen gleich vor der Tür.

In allen Beispielsätzen gibt das Wörtchen *das* das Geschlecht des dazugehörigen Substantivs an.

Regel 22 Das **Demonstrativpronomen** *das* wird mit einem einfachen **s** geschrieben, beispielsweise:

1. *Das hätte ich nicht gedacht!*
2. *Das Tal ist ja viel schöner als jenes Tal.*
3. *Wenn wir das gewusst hätten, wären wir einen anderen Weg gegangen.*
4. *Sollten wir das nicht den anderen sagen?*
5. *Sie könnten das bei ihrer Routenplanung dann gleich berücksichtigen.*

In diesen Beispielsätzen wird das hinweisende Fürwort *das* jeweils betont: Entweder ersetzt es ein Substantiv (wie in Satz 1, 3, 4 und 5) oder es begleitet es (wie in Satz 2).

Regel 23 Das **Relativpronomen** *das* wird mit einem einfachen **s** geschrieben, beispielsweise:

1. Deutschland ist ein *Land*, *das* viel zu bieten hat.
2. Ein *Erlebnis*, an *das* man sich lange erinnert, ist der Besuch der einmaligen Kreidefelsen auf Rügen.
3. Auch das *Alpengebiet*, *das* zum Skilaufen und zum Wandern einlädt, ist sehr beliebt.
4. Manche dagegen mögen lieber ein erfrischendes *Bad*, *das* sie in Nord- und Ostsee erwartet.
5. Andere bevorzugen das *Fahren* auf Elbe oder Rhein, *das* sie durch beeindruckende Landschaften führt.

In allen Beispielsätzen leitet das Relativpronomen *das* einen Relativsatz (Attributsatz) ein. Dieser Gliedsatz (Nebensatz) hat die Aufgabe, ein Substantiv im übergeordneten Satz näher zu erläutern. Wie man in Satz 2 sieht, kann vor dem Relativpronomen eine Präposition stehen.

Regel 24 Die unterordnende **Konjunktion** *dass* wird mit **ss** geschrieben, beispielsweise:

1. *Auch viele Städte in Deutschland sind so interessant, dass eine Besichtigung lohnt.*

2. *Dass in Bonn Beethovens Geburtshaus und in Weimar Goethes Wohnhaus steht, wissen die meisten.*
3. *Die Besucherzahlen von Berlin zeigen, dass Politik und Kultur vielen nicht gleichgültig sind.*
4. *Auch die großen mittelalterlichen Kirchenbauten sind so wichtig, dass ihre Türen täglich offen stehen.*
5. *Dass es Münchens Oktoberfest und Hamburgs Hafengeburtstag gibt, freut die zahlreichen Gäste.*

Satz 1 und 4 enthalten die Konjunktion *sodass/so dass*, die einen Gliedsatz einleitet (Adverbialsatz der Folge). Satz 2 und 3 enthalten die Konjunktion *dass*, die hier einen Objektsatz einleitet, und Satz 5 enthält die Konjunktion *dass*, die hier einen Subjektsatz einleitet.

Aufgabe 14:
Ergänzen Sie die fehlenden Buchstaben und notieren Sie die Wortart, denen das Wörtchen *das/dass* jeweils angehört:

Wer hätte da..... gedacht! (......................................)

Da..... es so kommt, konnte keiner ahnen.

(......................................) Dies ist ein Ergebnis, da.....

jeden freut. (......................................)

Bindungs-t? Nachsilbe *-lich* oder *-ig*? – phonetische Präzisionsarbeit

Es gibt einige zusammengesetzte Wörter, deren Aussprache nur dann einen Wohlklang erzeugt, wenn ein Zusatzbuchstabe eine phonetische Brücke zwischen den einzelnen Wortteilen herstellt.
Dies trifft beispielsweise zu, wenn bei einer Zusammensetzung **l** auf **n** folgt wie in *hoffen+lich*. Wie auch immer man dieses Wort ausspricht, es klingt erst dann gefällig, wenn man ein **Bindungs-t** einfügt: also *hoffen**t**lich*.

Dasselbe gilt für:

eigentlich	*gelegentlich*
kenntlich	*namentlich*
öffentlich	*ordentlich*
versehentlich	*wesentlich*
wissentlich	*wöchentlich*

Auch in andere Buchstabenfolgen muss ein **Bindungs-t** eingefügt werden, damit sie sich flüssig aussprechen lassen, beispielsweise:

meinetwegen	*meinetwillen*
deinetwegen	*deinetwillen*
seinetwegen	*seinetwillen*
unsertwegen	*unsertwillen*
ihretwegen	*ihretwillen*

Dasselbe gilt auch für veraltete Wortprägungen wie:

allenthalben, deinethalben, eurethalben, ihrethalben

Achtung! Beim **Bindungs-t** muss man genau hinschauen. Es gibt nämlich einige Wörter, die bei flüchtigem Blick so aussehen, als gehörten sie zu dieser Gruppe, die aus Gründen des Wohlklangs ein zusätzliches **-t-** erhält. Bei näherem Hinsehen erkennt man jedoch, dass es sich um Wörter handelt, deren erster Bestandteil zufällig mit **t** endet, dem die Nachsilbe **-lich** folgt. Das vermeintliche **Bindungs-t** gehört hierbei also zum Wortstamm, beispielsweise:

einheitlich	*(← Einheit)*
gemütlich	*(← Gemüt)*
geschäftlich	*(← Geschäft)*
mehrheitlich	*(← Mehrheit)*
zeitlich	*(← Zeit)*

Achtung! Noch einmal muss man genau hinschauen, wenn man ein Wort schreibt, das mit der Nachsilbe **-lich** endet.

Der Grund hierfür liegt darin, dass die meisten von uns eine andere Nachsilbe, die etwas anderes bedeutet und die auch anders geschrieben wird, genauso aussprechen: die Nachsilbe **-ig.** So sprechen wir *sonn**ig*** meist »*sonn**ich***« aus und kommen dann leicht ins Stocken, wenn wir jemandem mitteilen wollen, dass es *herbst**lich*** und *wind**ig*** ist. Eigentlich ist die Sache jedoch recht einfach:
Die Nachsilbe **-lich** enthält einen indirekten Vergleich und bedeutet meist: **Etwas ist ähnlich wie ...,** beispielsweise:

ärmlich	*bedenklich*
endlich	*fröhlich*
gefährlich	*kindlich*
leserlich	*pünktlich*
rötlich	*winterlich*

Die Nachsilbe **-ig** dagegen bedeutet meist: **Etwas hat die Eigenschaft von/besteht aus ...,** beispielsweise:

blumig	*eckig*
flüssig	*holzig*
kreisförmig	*nebelig/neblig*
sandig	*stachlig/stachelig*
wellig	*winkelig/winklig*

Wer dies alles allerdings nicht so genau wissen möchte, verlängert die Adjektive einfach im Sinne der fünften Faustregel und findet so den korrekten Auslaut.

Aufgabe 15:
Welche besondere Bedeutung haben die Nachsilben *-lich* und *-ig* in folgenden Zeitangaben?

vierstündig, viermonatig, vierteljährig

Die Endung *-ig* bedeutet ....

vierstündlich, viermonatlich, vierteljährlich

Die Endung *-lich* bedeutet ....

seit oder *seid*? *dt* oder *d* oder *t*? – kleine Feinheiten mit Bedeutung

Inhaltlich kann man zwar die beiden unscheinbaren Wörtchen *seit* und *seid* gar nicht miteinander verwechseln, da ihre Anwendungsbereiche nichts gemeinsam haben. Da sie aber unterschiedlich geschrieben werden, ist es nützlich zu klären, in welchem Fall das Wort mit **t** und in welchem Fall es mit **d** geschrieben wird:

Seit ist für **Zeitangaben** zuständig und kann dabei die Funktion einer Präposition oder einer Konjunktion übernehmen:

Regel 25 Die **Präposition** *seit* (als Teil einer temporalen adverbialen Bestimmung) wird mit **t** geschrieben, beispielsweise:

Seit der Erfindung der Schrift können Gedanken lange Zeit aufbewahrt werden.
Seit der Entwicklung der Buchdruckerkunst können Gedanken schnell verbreitet werden.
Seit vielen Jahren verbindet unser elektronisches Informationsnetz große Teile der Menschheit miteinander.

Regel 26 Die **unterordnende Konjunktion** *seit* (als Teil eines Temporalsatzes) wird mit **t** geschrieben, beispielsweise:

Seit das Internet so vielen Menschen zugänglich ist, haben es Diktaturen auf der Welt schwer.
Seit so viele Menschen im Netz miteinander kommunizieren können, verändern sich unsere Handlungsmuster.
Seit (fast) jeder in Deutschland Zugang zum Netz hat, werden zahlreiche geschäftliche Kontakte elektronisch gestützt.

Regel 27 Die gebeugte **Verbform** von *sein* (2. Person Plural) wird mit **d** geschrieben: *ihr seid*, beispielsweise:

Seid ihr schon auf der Fachmesse gewesen, damit ihr den letzten Stand der Entwicklung kennt?
Seid bitte morgen früh pünktlich im Vortragssaal; denn unsere Präsentation verträgt keine Störung durch Nachzügler.
Wenn ihr interessiert seid, könnt ihr im nächsten Jahr den Messestand gestalten.

Und dann ist da noch die Sache mit dem gemeinsamen Auftreten von **d** und **t** als **dt.** Dahinter steckt die Entscheidung, von Zeit zu Zeit auch in der Rechtschreibung ökonomisch vorzugehen: Die beiden Konsonanten stehen nämlich nur deshalb nebeneinander, weil ein dazwischenliegendes **e** fortgefallen ist, wie man dies noch in einigen alternativ erlaubten Verbformen nachvollziehen kann, beispielsweise:

Das Material wurde versandt/versendet.
Die Regeln werden sinngemäß angewandt/angewendet.

So blieben beispielsweise als Unikate erhalten:

beredt	(zu *reden*)
Bewandtnis	(zu *wenden*)
Gesandtschaft	(zu *senden*)
Verwandtschaft	(zu *wenden*)
Sie lädt ein.	(zu *einladen*)

Achtung! Einige Mitglieder der Stammfamilie weichen von dieser Schreibung ab, beispielsweise:

Beredsamkeit	trotz: *beredt*
Gewand	trotz: *er wandte*
Versand	trotz: *er versandte*

Aufgabe 16:
Ergänzen Sie die fehlenden Buchstaben und begründen Sie Ihre Entscheidung:

	Erklärung der Schreibweise des Auslauts:
Lan.....	....
Garan.....	....
Doktoran.....	....

bekann.... ....

gewan.... ....

Fremdwörter: *-and/-end* oder *-ant/-ent?* – vom Geben und Empfangen

Zwei Übungswörter aus der Aufgabe auf der vorigen Seite sind der Anlass für dieses Kapitel: *Gar**ant*** und *Doktor**and.*** Natürlich kann man den unterschiedlichen Auslaut dieser Fremdwörter korrekt schreiben, wenn man jedes Wort verlängert. Es gibt aber noch einen tieferen Grund für die Abweichung, und es lohnt, ihn kennenzulernen.

Er sei an zwei Beispielwörtern gezeigt, die gleich ausgesprochen, aber unterschiedlich geschrieben werden und jeweils das Gegenteil bedeuten:

*Inform**and*** und *Inform**ant.***

Ein *Inform**and*** ist jemand, der informiert werden soll. Die Endung **-and** hat also eine **passive** Komponente. (Linguistisch kommt dieser Aspekt aus dem lateinischen Gerundivum, das ausdrückt, dass etwas getan werden soll.) Dasselbe gilt für die Endung **-end.** (Ihr lateinisches Vorbild gehört nur einer anderen Konjugation an als die Verben, die unsere Endung **-and** verursachen.)

Ein *Inform**ant*** ist dagegen jemand, der Informationen gibt. Die Endung **-ant** hat also eine **aktive** Komponente. (Auch dieser Aspekt kommt aus dem Lateinischen, diesmal vom Partizip Präsens, das ausdrückt, dass jemand gerade etwas tut.) Dasselbe gilt ebenso für die Endung **-ent.** (Ihr lateinisches Vorbild gehört wieder einer anderen Konjugation an als die Verben, die unsere Endung **-ant** verursachen.)

Regel 28 Fremdwörter aus dem Lateinischen mit der **Endung -and** oder **-end** haben eine **passive** Bedeutung, Fremdwörter mit der Endung **-ant** oder **-ent** haben eine **aktive** Bedeutung,

beispielsweise:
Wörter mit passivem Charakter:

Habilitand	= jemand, der zur Habilitation zugelassen ist, der habilitiert **werden** soll
Konfirmand	= jemand, der sich auf dem Weg zur Konfirmation befindet, der konfirmiert **werden** soll
Multiplikand	= Zahl, die mit einer anderen multipliziert **werden** soll
Rehabilitand	= jemand, der auf dem Weg ist, wieder in die Gesellschaft eingegliedert zu **werden**
Summand	= Zahl, die hinzugezählt **werden** soll

Ebenso:

Dividend	= Zahl, die geteilt **werden** soll
Minuend	= Zahl, von der etwas abgezogen **werden** soll
Promovend	= jemand, dem die Doktorwürde erteilt **werden** soll
Subtrahend	= Zahl, die abgezogen **werden** soll

Wörter mit aktivem Charakter:

Demonstrant	= jemand, der demonstriert
Gratulant	= jemand, der gratuliert
Lieferant	= jemand, der liefert
Musikant	= jemand, der musiziert

Ebenso:

Assistent	= jemand, der unterstützt
Dirigent	= jemand, der dirigiert
Präsident	= jemand, der den Vorsitz führt
Student	= jemand, der studiert

Aufgabe 17:
Finden Sie die gesuchten Fremdwörter, die eine der folgenden Endsilben aufweisen: -and/-end, -ant/-ent.
(Machen Sie sich dabei bewusst, ob das jeweilige Wort einen passiven oder aktiven Charakter hat.)

Jemand, der erstmalig auftritt:

....

Ergebnis einer Division:

....

Testperson:

....

Befehlshaber:

....

Katholischer Messdiener:

....

2.2 Vokale – Anhaltspunkte für Selbstlaute

Dass **kurze Vokale** immer mit einem einfachen Buchstaben geschrieben werden, bedarf keiner Regel. Es gibt hierzu keine Alternative, unabhängig davon, ob ihm mehrere verschiedene Konsonanten folgen (vgl. Regel 3) oder ein Doppelkonsonant (vgl. Regel 4 und 5), beispielsweise:

wandern	*Blatt*
Stern	*hell*
Gebirge	*Himmel*
Wolke	*Sonne*
Dunst	*tummeln*

Bei **langen Vokalen** verhält sich dies jedoch ganz anders:

2.2.1 Lange Vokale – Vielfalt mit Gewohnheitsrecht

Anzahl der langen Vokale – nicht jede Länge kann man sehen

Für lange Vokale gibt es im Deutschen vielfältige Schreibweisen, wie schon ein Beispiel zeigt, bei dem der lange Vokal dreier Wörter unterschiedlich geschrieben wird:

her – *hehr* – *Heer*

Solche Variation ist jedoch kein Zeichen von Beliebigkeit, sondern liegt in der Geschichte jedes einzelnen Wortes.

Viele Wörter lassen äußerlich gar nicht erkennen, dass ihr Vokal lang ist. Es ist einfach so, beispielsweise:

Tag	*fragen*
Steg	*fegen*
Stil	*erwidern*
Lot	*loben*
Trug	*hupen*

Einige Wörter dagegen verdoppeln ihren Vokal und signalisieren so, dass er lang gesprochen wird, beispielsweise:

Aal	*Aas*
Haar	*Maar*
Maat	*Paar*
Saal	*Saat*
Staat	*Waage*
Beere	*Geest*
Klee	*leer*
Meer	*Schnee*
See	*Speer*
Tee	*Teer*
Boot	*doof*
Koog/Kog	*Moor*
Moos	*Zoo*

Achtung! In einigen Wortfamilien mit Doppelvokal gibt es **Unregelmäßigkeiten,** beispielsweise:

Seele	↔	*selig*	*Boot*	↔	*Bötchen*
Saat	↔	*säen*	*Paar*	↔	*Pärchen*

Auch bei der **Pluralbildung** einiger Wörter mit Doppelvokal gibt es Besonderheiten, beispielsweise:

See	–	*Seen*	(kein weiteres Endungs-e)
Saal	–	*Säle*	(nur ein einfacher Umlaut)

Regel 29 Beim Zusammentreffen von **drei gleichen Vokalen** bleiben alle Vokale erhalten, beispielsweise:

Teeei *Seeelefant* *Kaffeeernte*

Wegen der besseren Lesbarkeit kann man jedoch (wie beim Zusammentreffen von drei gleichen Konsonanten) einen Bindestrich zwischen die einzelnen Wortteile setzen:

Tee-Ei *See-Elefant* *Kaffee-Ernte*

Aufgabe 18:
Korrigieren Sie die falsch geschriebenen Wörter:

Die Boote liegen im Hafen. Dort kommt ein Boote.
Die Reede war interessant. Ein Schiff liegt auf Reede.
Wir waagen den Versuch. Die Waagen sind justiert.

Dehnungs-h und Verbindungs-h – der kleine Luxus

Es gibt noch ein weiteres Zeichen, das einen Vokal als lang erkennbar macht, das Dehnungs-h.

Regel 30 Vor den Konsonanten **l, m, n** und **r kann** ein langer Vokal durch ein **Dehnungs-h** gekennzeichnet werden, beispielsweise:

kahl	*prahlen*
wahr	*erfahren*
Lehm	*nehmen*
Hohn	*lohnen*
kühn	*sühnen*

Achtung! Diese Kann-Regel gilt beispielsweise nicht für:

nämlich – persönlich – Gebärde – offenbaren

Außerdem gibt es einige gleichlautende Wörter mit unterschiedlicher Bedeutung und unterschiedlicher Schreibweise, beispielsweise:

Aale (Fische)	↔	*Ahle* (Werkzeug)
holen (beschaffen)	↔	*hohl* (hat Hohlraum)
malen (Farbe auftragen)	↔	*mahlen* (zerkleinern)
leeren (Inhalt ausräumen)	↔	*lehren* (unterrichten)
Meer (Ozean)	↔	*mehr* (Steigerung von viel)

Regel 31 In Wörtern mit dem **Anlaut qu**, **sp** und **sch** steht **meist kein Dehnungs-h** zur Kennzeichnung eines langen Vokals, beispielsweise:

Qual	*sparen*
(be)quem	*Spaten*
quer	*Spore*
quaken	*Spule*
Quäker	*spüren*
Schal	*Schar*
(be)scheren	*schmal*
schnöde	*schonen*
schön	*Schnur*
Schwan	*schwören*

Achtung! Ausnahme sind beispielsweise: ***Schuh***, ***spähen***.

Vom Dehnungs-h zu unterscheiden ist das **Verbindungs-h.** Es dient oft als Brücke zwischen zwei Vokalen. Beim normalen Sprechen ist es zwar kaum wahrzunehmen; aber beim Singen ist es unüberhörbar, wenn man ein Wort über mehrere Noten hinweg hält, beispielsweise: *ru-hu-hu-hig*.

Regel 32 Folgt auf einen **langen Vokal** ein **weiterer Vokal,** so wird **oft** ein gehauchtes **Verbindungs-h** eingefügt, beispielsweise:

bejahen	*nahen*
fähig	*mähen*
Ehe	*gehen*
wehen	*sehen*
Mühe	*blühen*

Regel 33 Folgt auf einen **Diphthong** ein **weiterer Vokal,** so wird **selten** ein **Verbindungs-h** eingefügt, beispielsweise:

bauen	*trauen*
dauern	*schauen*
schreien	*Geier*
freuen	*scheuen*
Treue	*Reue*

Achtung! Manchmal wird aber nach einem Diphthong doch ein Verbindungs-h eingefügt, beispielsweise in:

leihen	*Reihe*	*verzeihen*

Außerdem gibt es in einigen Wortfamilien wieder Unregelmäßigkeiten, beispielsweise:

glühen	↔	*Glut*
blühen	↔	*Blüte*
bejahen	↔	*ja*

Aufgabe 19:
Unterstreichen Sie die Wörter mit Verbindungs-h.

wählen, blähen, angenehm, strahlen, bewahren, bohren, flehen, verstehen, nähen, gewöhnen, Truhe, Brühe

Dehnungszeichen für das lange *i* – Extratouren auf Wunsch

Für die Schreibung des langen **i** ist das Repertoire der Möglichkeiten noch ein wenig reichhaltiger als bei den anderen langen Vokalen:

Zunächst verhält es sich mit ihm so wie bei den übrigen: Man kann äußerlich manchmal gar nicht erkennen, dass das **i** lang ist. Dieser Fall tritt beim **i** allerdings nur sehr selten ein, beispielsweise bei den Tiernamen

Igel *Biber* *Viper*

oder bei einigen Formen des Personalpronomens:

mir *dir* *wir*

Die meisten Wörter mit langem **i** treten mit einem **Dehnungs-e** auf, das aus dem **i** ein **ie** macht.
Zu den zahlreichen Beispielen gehören:

Kies	*Biene*
Schmied	*frieren*
Spiel	*Liebe*
viel	*Spiegel*
Zier	*Zwiebel*

Achtung! Es gibt wieder Wörter, die gleich klingen, jedoch etwas anderes meinen und anders geschrieben werden, beispielsweise:

Lid	*= Augendeckel*
Lied	*= Gesang*
Mine	*= Bleistifteinlage, Bergwerk*
Miene	*= Gesichtsausdruck*
Stil	*= Art und Weise*
Stiel	*= Griff, Stängel*

Eine weitere Kleingruppe setzt ein **Dehnungs-h** zur Kennzeichnung des langen **i** ein, beispielsweise einige andere Formen des Personalpronomens:

ihr *ihn* *ihnen*

Eine andere Kleingruppe vermittelt sogar den Eindruck, als enthalte sie gleich zwei Längensignale (**ie** und Dehnungs-h), die zusammen **ieh** bilden, beispielsweise:

fliehen *ziehen* *wiehern*

Bei näherem Hinsehen handelt es sich jedoch nicht um ein Dehnungs-h, sondern um ein Verbindungs-h, das eine Brücke zwischen dem vorangehenden langen **ie** und dem nachfolgenden **e** darstellt.

Dasselbe gilt auch für das Wort ***Vieh,*** dessen Auslaut wie ein Dehnungs-h aussieht. Im Mittelhochdeutschen hieß es jedoch ***vihe,*** was zeigt, dass der heutige Auslaut **h** früher einmal ein Verbindungs-h im Inlaut war.

Ähnlich verhält es sich auch bei den Konjugationsformen

geschieht *sieht*

Dem langen **ie** folgt auch hier kein zusätzliches Dehnungs-h, sondern es handelt sich jeweils um ein Verbindungs-h, das aus dem Infinitiv erhalten geblieben ist:

geschehen → *geschieht*
sehen → *sieht*

Achtung! Einige Wörter mit langem **i** sind Anlass für verbreitete Fehler. Die korrekte Schreibung folgender Wörter sollte man sich daher einprägen:

ziemlich	*Ziel*
es gibt	*ergiebig*
das Knie	*die Knie* (Plural)
knien (Infinitiv)	*ich knie* (1. Pers. Sg.)

Aufgabe 20:
Enthält die Konjugationsform *stiehlt* ein Dehnungs-h oder ein Verbindungs-h?

....

Fremdwörter: langes *e* und langes *i* – polyglotte Auftraggeber

Bei der **Schreibung des langen e** gibt es seit der Reform einige Änderungen, beispielsweise:

Exposé oder *Exposee*	–	*Kommuniqué* oder *Kommunikee*
Rommé oder *Rommee*	–	*Varieté* oder *Varietee*

Die neuen Alternativen passen zur bisherigen Schreibweise zahlreicher französischer Fremdwörter, beispielsweise:

Allee	*Armee*
Entree	*Gelee*
Kanapee/Canapé	*Klischee*
Komitee	*Livree*
Resümee	*Tournee*

Die **Schreibung des langen i** weist eine besonders große Vielfalt auf. Es gibt zwar zwei grobe Regeln, aber so viele Ausnahmen, dass wohl nur Übung hilft.

Regel 34 In den meisten Fremdwörtern erscheint das lange **i** als ein einfaches **i,** beispielsweise:

Benzin	*Exil*
flexibel	*Kino*
Klima	*Krise*
Liter	*Maxime*
prima	*Termin*

Zu dieser Regel passen auch Fremdwörter aus dem Französischen mit der Endung **-ine,** z. B.:

Blondine	*Cousine/Kusine*
Gelatine	*Kantine*
Margarine	*Marine*
Maschine	*Routine*
Turbine	*Vitrine*

Regel 35 Viele Fremdwörter haben im Deutschen die **Endung -ie, -ieren** oder **-ier,** beispielsweise:

Fremdwörter aus dem Griechischen mit der Endung **-ie:**

Analogie	*Demokratie*
Diplomatie	*Energie*
Euphorie	*Fantasie/Phantasie*
Gastronomie	*Harmonie*
Orthodoxie	*Sympathie*

Fremdwörter aus dem Lateinischen mit der Endung **-ieren:**

diktieren	*exemplifizieren*
fixieren	*instruieren*
interessieren	*planieren*
produzieren	*pulsieren*
realisieren	*sezieren*

Fremdwörter aus dem Französischen mit der Endung **-ier:**

Barbier	*Grenadier*
Kanonier	*Klavier*
Kurier	*Manier*
Offizier	*Polier*
Scharnier	*Turnier*

Allerdings gibt es auch Wörter aus dem Französischen, deren Endung **-ier** geschrieben wird, aber mit kurzem **i** vor einem langen **e** ausgesprochen wird, und außerdem Wörter aus anderen Sprachen mit der Endung **-ir,** beispielsweise:

Brigadier	*Geysir* (isländisch)
Chansonnier/Chansonier	*Menhir* (breton.-franz.)
Chevalier	*Saphir* (semit.-griech.)
Hotelier	*Tapir* (indianisch)
Romancier	*Wesir* (arabisch)

Und zum Schluss noch einige Beispiele aus dem Englischen, deren langes **i** als **ee** oder **ea** erscheint:

Feedback/Feed-back	*Feeling*
Greenhorn	*Jeep*
Meeting	*Screening*
Spleen	*Weekend*
Beamer	*Beat*
clean	*Hearing*
leasen	*Streaming*
Teak	*Team*

Aufgabe 21:
Lassen Sie sich alle oben stehenden Fremdwörter diktieren.

2.2.2 Umlaut und Diphthong – wenn das Ohr uns im Stich lässt

Umlaut – Gestaltwandel bei Bedarf

Unter einem Umlaut versteht man die Veränderung der Vokale **a, o** und **u** zu **ä, ö** und **ü**. Diese kommen manchmal **schon in der Grundform** eines Wortes vor, beispielsweise:

krähen	*gähnen*
blöken	*dösen*
Möhre	*Förde*
wühlen	*kühlen*

Die Ursache hierfür liegt meist in früheren Zeiten, in denen einem dunklen Vokal **a, o** oder **u** ein hellerer Vokal **(e** oder **i)** folgte. Beispielsweise hieß ein *Mädchen* im Mittelhochdeutschen *magedin*, dessen Stammvokal **a** sich durch die folgenden Vokale inzwischen zu **ä** aufgehellt hat.

Meistens entsteht ein Umlaut jedoch situativ bei der **Beugung** oder grundsätzlich durch **Ableitung** innerhalb der Wortfamilie. In Zweifelsfällen sollte man also prüfen, ob sich das fragliche Wort auf eine Grundform oder ein Stammwort mit **a**, **o** oder **u** zurückführen lässt; denn:

Regel 36 Bei vielen **Substantiven** wird der Stammvokal **a, o, u** im Plural zu **ä, ö, ü,** beispielsweise:

Lamm	*Lämmer*
Bock	*Böcke*
Frosch	*Frösche*
Huhn	*Hühner*

Regel 37 Bei vielen **Adjektiven** entsteht bei der **Steigerung** ein Umlaut, beispielsweise:

stark	*stärker*
schwach	*schwächer*
groß	*größer*
jung	*jünger*

Regel 38 Bei einigen **Verben** bildet sich im Präsens **(2. und 3. Ps. Sing.)** ein Umlaut, beispielsweise:

blasen	*du bläst*
fallen	*es fällt*
lassen	*er lässt*
tragen	*sie trägt*

Regel 39 Bei einigen **Verben** wird im **Konjunktiv Präteritum** der Stammvokal gegen einen Umlaut ausgetauscht, beispielsweise:

Kurzes **e** im Infinitiv wird zu **ä** im Konjunktiv Präteritum:

brechen	*ich bräche*
essen	*ich äße*
sprechen	*ich spräche*
treffen	*ich träfe*

Langes **e** im Infinitiv wird zu **ä** im Konjunktiv Präteritum:

lesen	*ich läse*
geben	*ich gäbe*
nehmen	*ich nähme*
treten	*ich träte*

Kurzes **i** im Infinitiv wird zu **ä** im Konjunktiv Präteritum:

binden	*ich bände*
finden	*ich fände*
klingen	*es klänge*
singen	*ich sänge*

Langes **i** im Infinitiv wird zu **ö** im Konjunktiv Präteritum:

bieten	*es böte*
fliegen	*es flöge*
wiegen	*es wöge*
ziehen	*es zöge*

Langes **a** im Infinitiv wird zu **ü** im Konjunktiv Präteritum:

schlagen	*ich schlüge*
fahren	*ich führe*
laden	*ich lüde*
tragen	*ich trüge*

Aufgabe 22:
Erklären Sie die Umlaute in folgenden Wörtern:
Gelände, Sämling, Gärtner, Strömung, brüten, Güte

....

Diphthong *äu* oder *eu? ei* oder *ai?* – der Herleitungscheck

Der Diphthong **äu,** der das Hauptthema dieses Kapitels ist, gehört eigentlich als Sonderfall zum vorigen Kapitel; denn die Beziehung von **äu (ä+u)** zu **au (a+u)** ist nur ein Spezialfall der Beziehung von **ä** zu **a.**

Da der Diphthong **äu** jedoch leicht mit dem Diphthong **eu** zu verwechseln ist, der genauso ausgesprochen wird, ist es nützlich, ihn gesondert zu behandeln und ein Kriterium zu suchen, das die Schreibweise eindeutig regelt, beispielsweise für Wörter wie:

abscheulich	↔	*bläulich*
heute	↔	*Häute*
Kreuzchen	↔	*Käuzchen*
Leute	↔	*läuten*
Scheune	↔	*Schäume*

Für Wörter mit **eu** gilt: Sie sind, wie sie sind, beispielsweise:

Beute	*deuten*
Feuer	*Freude*
heulen	*Heu*
neu	*Scheu*
teuer	*vergeuden*

In fraglichen Fällen bleibt allerdings nichts anderes übrig, als von Fall zu Fall zu prüfen, ob das Wort auf eine Grundform oder ein Stammwort mit **a** zurückgeführt werden kann, denn:

Regel 40 Bei vielen Substantiven wird der Stammvokal **au** im **Plural** zu **äu,** beispielsweise:

Baum	*Bäume*
Haus	*Häuser*
Maus	*Mäuse*
Traum	*Träume*
Zaun	*Zäune*

Achtung! Vereinzelt wird der Stammvokal **au** eines Infinitivs in der 2. und 3. Ps. Sing. Präsens zu **äu** umgelautet, beispielsweise: ***laufen*** → *du **läufst**, sie **läuft*** und ***saufen*** → *du **säufst**, er **säuft**.*

Regel 41 Lässt sich ein abgeleitetes Wort auf ein **Stammwort** mit **au** zurückführen, wird es (meist) mit **äu** geschrieben, beispielsweise:

bestäuben	←	*Staub*
Bräutigam	←	*Braut*
Gebäude	←	*bauen*
gläubig	←	*glauben*
Räuber	←	*rauben*

Achtung! Bei einigen Wörtern mit **äu** ist kein Stammwort mit **au** bekannt, beispielsweise bei:

dräuen	*Knäuel*
räudig	*räuspern*
Säule	*sträuben*

Auch die beiden Diphthonge **ei** und **ai** lassen sich wegen ihrer identischen Aussprache miteinander verwechseln. Da aber die Anzahl der Wörter, die mit **ai** geschrieben werden, überschaubar klein ist, braucht man sie sich nur einzuprägen. Die gebräuchlichsten sind:

Hain	*Laib*
Laich	*Mai*
Rain	*Saite*
Waid	*Waise*

Anglern bekannt sind: *Aitel* und *Saibling*.
Als Fremdwörter bei uns eingebürgert haben sich:

Bai	*Hai*
Kai	*Kaiman*
Kaiser	*Laie*
Lakai	*Mais*
Raygras/Raigras	*Taifun*

Aufgabe 23:
Füllen Sie die Lücken mit *ei* oder *ai* aus:

Brotl.....b	L....bschmerzen
Buchs.....te	Geigens.....te
Froschl.....ch	L....chnam
R.....nheitsgrad	Ackerr.....n

2.3 Vergleichende Übersicht – wichtige Änderungen seit der Reform

Alte Schreibung	Neue Schreibung
aufw**e**ndig	aufw**ä**ndig
beh**e**nde	beh**ä**nde
bel**e**mmert	bel**ä**mmert
einbl**e**uen	einbl**ä**uen
G**e**mse	G**ä**mse
Gr**e**uel	Gr**ä**uel
Qu**e**ntchen	Qu**ä**ntchen
schn**e**uzen	schn**ä**uzen
St**e**ngel	St**ä**ngel
überschw**e**nglich	überschw**ä**nglich
verbl**e**uen	verbl**ä**uen
Al**p**traum	auch: Al**b**traum
Biogra**ph**ie	auch: Biogra**f**ie
Del**ph**in	auch: Del**f**in
Differen**t**ial	auch: Differen**z**ial
Du (im Brief)	auch: **d**u
essen**t**iell	auch: essen**z**iell
existen**t**iell	auch: existen**z**iell
f**ö**nen	f**öh**nen
Jo**gh**urt	auch: Jo**g**urt
Ihr seid (im Brief)	auch: **i**hr seid
Kängur**uh**	Kängur**u**
Ket**ch**up	auch: Ket**sch**up

Alte Schreibung	Neue Schreibung
Pan**th**er	auch: Pan**t**er
pla**z**ieren	pla**tz**ieren
Portemonn**aie**	auch: Portmon**ee**
rau**h**	rau
Ro**h**eit	Ro**hh**eit
Romm**é**	Romm**ee**
selb**st**ändig	auch: selb**stst**ändig
Shrimp	**Sch**rimp
Spa**gh**etti	auch: Spa**g**etti
Stu**kk**ateur	Stu**ck**ateur
substan**t**iell	auch: substan**z**iell
Tele**ph**on	Tele**f**on
Thunfisch	auch: **T**unfisch
Tre**kk**ing	auch: Tre**ck**ing
Variet**é**	Variet**ee**
Wa**gg**on	auch: Wa**g**on
Zä**h**eit	Zä**hh**eit
Zie**r**at	Zie**rr**at
Adre**ß**buch	Adre**ss**buch
Anla**ß**	Anla**ss**
A**s**	A**ss**
Ba**ß**	Ba**ss**
bewu**ß**t	bewu**ss**t
ein bi**ß**chen	ein bi**ss**chen
da**ß**	da**ss**
Fairne**ß**	Fairne**ss**
du fa**ß**t	du fa**ss**t
gewi**ß**	gewi**ss**
du lä**ß**t	du lä**ss**t
me**ß**bar	me**ss**bar
Mi**ß**erfolg	Mi**ss**erfolg
Ru**ß**land	Ru**ss**land
Tä**ß**chen	Tä**ss**chen
hel**l**icht	hel**ll**icht

Alte Schreibung	Neue Schreibung
Karame**l**	Karame**ll**
Quickste**p**	Quickste**pp**
schne**ll**ebig	schne**lll**ebig
Ste**p**tanz	Ste**pp**tanz
Sto**p**	Sto**pp**
Ti**p**	Ti**pp**
To**l**patsch	To**ll**patsch
Beste**ll**iste	Beste**lll**iste, auch: Beste**ll-L**iste
Flu**ßs**chi**ff**ahrt	Flu**sss**chi**fff**ahrt, auch: Flu**ss-S**chi**fff**ahrt
Fußba**ll**änderspiel	Fußba**lll**änderspiel, auch: Fußba**ll-L**änderspiel
Imbi**ßs**tand	Imbi**sss**tand, auch: Imbi**ss-S**tand
Ro**ll**aden	Ro**lll**aden, auch: Ro**ll-L**aden
Schwi**mm**eister	Schwi**mmm**eister, auch: Schwi**mm-M**eister
Kaff**ee-E**rsatz	auch: Kaff**eee**rsatz

Aufgabe 24:
Versuchen Sie die neue Schreibung der Wörter zu erklären:

aufwändig, behände, Gräuel, schnäuzen, Stängel, verbläuen

3.1 Satzanfang und abgehobene Wortgruppen – optische Unterstützung erbeten

wer diesen Satz liest, wird irritiert sein. irgendetwas stimmt hier nicht. dabei kennt jeder die Vorschrift:

Regel 42 Das erste Wort eines **selbstständigen Satzes** wird großgeschrieben, beispielsweise:

> *Ein großer Buchstabe am Satzanfang signalisiert, dass eine neue Sinneinheit beginnt.*
> *Diese Regel hilft also, die Struktur eines Gedankengangs zu durchschauen.*
> *Außerdem trägt sie dazu bei, das Lesen eines Textes zu erleichtern.*
> *Sie gilt (natürlich) auch, wenn es sich um eine Satzreihe oder ein Satzgefüge handelt* (wie in diesen Beispielsätzen).

Regel 43 Das erste Wort von **Überschriften, Werktiteln,** einer **wörtlichen Rede** und nach **Gliederungszeichen** wird häufig großgeschrieben, beispielsweise:

> *Neue deutsche Rechtschreibung* (Überschrift)
> *Kennst du schon das Buch »Neue deutsche Rechtschreibung«?* (Werktitel)
> *Sein ständiges »Bitte aufpassen!« stört mich sehr.* (wörtliche Rede)
> *Tagesordnungspunkt 5.2: Vgl. hierzu Protokoll der vorigen Sitzung.* (Angabe nach einem Gliederungszeichen)

Regel 44 Nach Doppelpunkt wird großgeschrieben, wenn danach **ein vollständiger Satz** (mit Subjekt und Prädikat) folgt.
Nach Doppelpunkt wird kleingeschrieben, wenn danach **kein vollständiger Satz** folgt.
Nach Doppelpunkt kann man groß- oder kleinschreiben, wenn **statt des Doppelpunkts** auch ein **Komma** oder ein **Gedankenstrich** stehen könnte, beispielsweise:

> *Für die Schreibweise nach Doppelpunkt gilt: Das erste Wort eines vollständigen Satzes wird großgeschrieben.* (Dies trifft für den Satz nach dem Doppelpunkt zu.)

Für die Schreibung nach Doppelpunkt gilt: sorgfältig prüfen!
(Die Wörter nach dem Doppelpunkt bilden keinen vollständigen Satz.)
Punkt, Komma und Semikolon: Alles/alles sind nützliche Satzzeichen.
Punkt, Komma und Semikolon, alles sind nützliche Satzzeichen.
Punkt, Komma und Semikolon – alles sind nützliche Satzzeichen. (Statt des Doppelpunkts könnte ein Komma oder ein Gedankenstrich stehen.)

Regel 45 Der Anfang eines Satzes wird kleingeschrieben, wenn er **in Klammern** oder **in Gedankenstrichen** in einen anderen Satz **eingeschoben** wird, beispielsweise:

Rechtschreibung (so könnte man denken) ist etwas Kompliziertes. (Einschub in Klammern)
Aber – so merkt man bald – sie ist gar nicht so schwierig, wie sie scheint. (Einschub in Gedankenstrichen)
Denn (dies zeigt die Erfahrung) die meisten Regeln sind leicht zu befolgen. (Einschub in Klammern)

Regel 46 Beginnt ein Satz mit **Auslassungspunkten** oder mit einem **Apostroph,** so wird der erste Buchstabe kleingeschrieben, beispielsweise:

... eigentlich ist es ja wirklich nicht so schwer.
's braucht alles nur ein bisschen Übung.
... doch prüfen Sie selbst!

Aufgabe 25:
Welche Regel wäre im folgenden Fall wohl anzuwenden?

§ 6 Ein Vergleich der alten und der neuen Regeln

....

3.2 Substantivierung – die begehrte Beförderung

3.2.1 Singuläre Substantivierung – gleiches Recht für alle

Über die Hälfte aller deutschen Wörter sind Substantive. Dass sie großzuschreiben sind, ist jedem bekannt, der mit der deutschen Sprache vertraut ist.
Bekannt sind auch die Nachsilben, an denen viele Substantive zu erkennen sind, beispielsweise:

-chen	→	*Mädchen*
-er	→	*Schüler*
-heit	→	*Schönheit*
-keit	→	*Fröhlichkeit*
-ling	→	*Jüngling*
-nis	→	*Kenntnis*
-schaft	→	*Schülerschaft*
-tum	→	*Wachstum*
-ung	→	*Begabung*

Und auch das folgende Merkmal eines deutschen Substantivs müsste wohl kaum erwähnt werden, dass ihm nämlich ein **Artikel** beigefügt werden kann, der sein Geschlecht angibt, beispielsweise:
***der** Unterrichtsraum* – ***die** Tafel* – ***das** Buch*
Gerade dieses Merkmal ist aber von Bedeutung, wenn es um die Substantivierung geht. Es kann nämlich (fast) jedes andere Wort zu einem Substantiv umgewandelt werden und damit alle Eigenschaften eines Substantivs annehmen. Man kann solche **Substantivierungen** dann an folgenden Merkmalen erkennen:

Regel 47 (Fast) jedes Wort wird durch einen **vorangehenden Artikel** zu einem Substantiv, beispielsweise:

das Zuhören	(substantiviertes Verb)
der Beste	(substantiviertes Adjektiv)
das Heute	(substantiviertes Adverb)
das Ich	(substantiviertes Pronomen)
das Auf und Ab	(substantivierte Präpositionen)
eine Zwei	(substantiviertes Numerale)

das Wenn und Aber	(substantivierte Konjunktionen)
ein Hallo	(substantivierte Interjektion)
das Der/Die/Das	(substantivierter Artikel)

Achtung! Einige **Ausnahmen** sind zu beachten.
Manche Wörter werden kleingeschrieben, obwohl vor ihnen ein Artikel steht, beispielsweise:
*die **v**ielen, die **w**enigen, die **m**eisten, die **b**eiden*
*der **e**ine, der **a**ndere, ein **j**eder*
Falls man diese Wörter allerdings besonders hervorheben möchte, kann man sie auch großschreiben, beispielsweise:
*Sie streben etwas ganz **A**nderes an. Die **E**inen sagten dies, die **A**nderen das. Die **M**eisten waren noch unentschlossen.*
Auch bei der Verbindung eines **Artikels mit einem Possessivpronomen** kann man wählen, beispielsweise:

Grüß bitte die deinen/Deinen/deinigen/Deinigen.
Sie tat das ihre/Ihre/ihrige/Ihrige.
Jedem das seine/Seine/seinige/Seinige.

Bei einer Substantivierung muss der Artikel nicht unbedingt auf dem Papier erscheinen; es reicht schon, wenn man ihn sinngemäß **hinzudenken** könnte, beispielsweise:

Auf dem Stundenplan steht Rechnen (das Rechnen).
Wir haben Folgendes (das Folgende) geplant.
Leider lernt man nicht nur Interessantes (das Interessante).

Besondere Aufmerksamkeit verdient noch der **Superlativ** des Adjektivs, wenn er mit *aufs/auf das* gebildet wird, beispielsweise: *aufs **B**este/auf das **B**este*. Diese Formulierung kann auf zweifache Weise eingesetzt werden:
Zum einen ist ein Satz möglich wie *Wir sind **aufs/auf das Beste** angewiesen*. Der Superlativ ergänzt hier das Prädikat und hat daher die Funktion eines **präpositionalen Objekts.** Das Adjektiv wird durch den vorangehenden Artikel substantiviert und großgeschrieben. Man fragt nach einem solchen Objekt mit **»worauf?«** (Worauf sind wir angewiesen?).

Zum anderen ist auch ein Satz möglich wie *Wir sind **aufs/auf das Beste** versorgt*. Hier erläutert der Superlativ das Prädikat näher und hat die Funktion einer **adverbialen Bestimmung.**
Er unterscheidet sich in keiner Weise von anderen Superlativen, die als adverbiale Bestimmung eingesetzt werden, beispielsweise: *Wir sind **am besten** versorgt.*
In solchen Fällen fragt man mit **»wie?«** (Wie sind wir versorgt?). Aus diesem Grunde kann man das Adjektiv in der substantivierten Wendung auch kleinschreiben, also:
*Wir sind aufs/auf das **B**este versorgt* oder
*Wir sind aufs/auf das **b**este versorgt.*
Dasselbe gilt für Fälle wie:

aufs/auf das Herzlichste	oder	*aufs/auf das herzlichste*
aufs/auf das Einfachste	oder	*aufs/auf das einfachste*
aufs/auf das Äußerste	oder	*aufs/auf das äußerste*
aufs/auf das Heftigste	oder	*aufs/auf das heftigste*
aufs/auf das Schärfste	oder	*aufs/auf das schärfste*

(wenn sie als adverbiale Bestimmung eingesetzt sind)

Es gibt noch weitere Möglichkeiten der Substantivierung.
Regel 48 Durch ein **vorangehendes Pronomen** wird ein Wort substantiviert, beispielsweise:

ihr Lachen	(Subst. nach Possessivpronomen)
sein Lernen	(Subst. nach Possessivpronomen)
dieses Neue	(Subst. nach Demonstrativpronomen)
jenes Alte	(Subst. nach Demonstrativpronomen)
jeder Einzelne	(Subst. nach Indefinitpronomen)
kein Zögern	(Subst. nach Indefinitpronomen)

Regel 49 Durch eine **vorangehende Präposition** wird ein Wort substantiviert, beispielsweise:

beim Arbeiten	*durch Ausprobieren*
vom Faulenzen	*zum Ausruhen*
außer Üben	*im Wiederholen*
für Neugierige	*ohne Wenn und Aber*
nach langem Hin und Her	*mit Weh und Ach*

Regel 50 Durch eine **vorangehende unbestimmte Mengenangabe** wird ein Wort substantiviert, beispielsweise:

alles Gute	*nichts Schlechtes*
etwas Besonderes	*manches Gewisse*
wenig Langweiliges	*viel Erfreuliches*
einige Unentwegte	*ein paar Interessierte*

Regel 51 Durch ein **vorangehendes Adjektiv** wird ein Wort substantiviert, beispielsweise:

stilles Zuhören	*großes Verwundern*
intensives Nachdenken	*plötzliches Aufhorchen*
bewusstes Sprechen	*spontanes Fragen*
lautes Dazwischenrufen	*schnelles Verstehen*
geduldiges Warten	*glückliches Gelingen*

Auf **zwei Sonderfälle** sei noch hingewiesen:
Werden **mehrteilige Konjunktionen** substantiviert, so wird zwischen die einzelnen Bestandteile ein Bindestrich gesetzt und nur das erste Wort großgeschrieben, beispielsweise:

das Als-ob	*ein Entweder-oder*
das Sowohl-als-auch	*das Teils-teils*
ein Weder-noch	*das Nicht-noch*

Ähnlich verhält es sich bei der Substantivierung **anderer mehrteiliger Wortgruppen** wie *auf und davon laufen.* Auch hier wird bei der Substantivierung zwischen die einzelnen Bestandteile ein Bindestrich gesetzt und das erste Wort großgeschrieben. Zusätzlich ist jedoch der Infinitiv großzuschreiben, da er ja das eigentliche Wort ist, das substantiviert werden soll, also:

das Auf-und-davon-Laufen
das Hand-in-Hand-Gehen
das In-den-Tag-hinein-Leben
das Auf-der-Lauer-Liegen
das Mit-dem-Kopf-durch-die-Wand-Gehen

Aufgabe 26:
Notieren Sie die Regel, nach der die folgenden Wörter zu substantivieren waren:

mehr Wichtiges	Regel .....
trotz Bemühens	Regel .....
das Reden	Regel .....
mein Hoffen	Regel .....
heimliches Schmunzeln	Regel .....

3.2.2 Großschreibung in festen Verbindungen – der Wichtigkeit angemessen

Die im vorigen Kapitel erarbeiteten Grundregeln lassen sich für einige Fälle noch differenzieren. Dies betrifft vor allem **feste Wendungen.**

Regel 52 **Adjektive nach Präposition in festen Verbindungen** werden (seit der Reform) meist großgeschrieben, beispielsweise:

im Allgemeinen
im Einzelnen
nicht im Geringsten
im Mindesten
im Vorigen
im Besonderen
im Folgenden
im Großen und Ganzen
im Übrigen
im Wesentlichen

Diese Regel gilt auch für umfangreichere Wendungen wie beispielsweise:

zum Besten geben
beim Alten lassen
im Ungewissen sein
ins Blaue reden
ins Lächerliche ziehen
im Argen liegen
im Dunkeln tappen
im Klaren sein
im Trüben fischen
im Reinen sein

Ebenso gilt sie für folgende feste Verbindungen mit einem ausformulierten Artikel wie beispielsweise:

auf dem Trockenen sitzen
vor dem Ärgsten bewahren
in die Vollen gehen
aus dem Vollen schöpfen

und für Verbindungen wie:

auf dem Laufenden sein	(Präposition, Artikel und Partizip)
den Kürzeren ziehen	(Artikel und gesteigertes Adjektiv)

Regel 53 Tritt ein **dekliniertes Adjektiv nach Präposition** in festen Verbindungen **ohne Artikel** auf, so kann man die Schreibweise wählen:

seit Kurzem	oder	*seit kurzem*
seit Langem	oder	*seit langem*
von Nahem	oder	*von nahem*
von Neuem	oder	*von neuem*
von Weitem	oder	*von weitem*

Regel 54 **Nicht deklinierte Adjektive in Paarformeln** werden großgeschrieben, beispielsweise:

Zwar gesellt sich meist Gleich und Gleich.
Aber heute findet ein Fest für Jung und Alt statt.
Es ist bei Groß und Klein beliebt.
Es treffen sich hier Hoch und Niedrig.
Alle erschienen: Arm und Reich.

Regel 55 **Substantive in festen Verbindungen mit Verben** werden in der Regel groß- und getrennt geschrieben, wenn sie ihre Eigenständigkeit als Substantiv bewahrt haben, beispielsweise:

Anteil nehmen	*Diät leben*
Folge leisten	*Schlange stehen*
Hof halten	*Kegel schieben*
Maschine schreiben	*Modell sitzen*
Rad fahren	*Schlittschuh laufen*

Achtung! Bei der **Verwendung** solcher festen Verbindungen **im Satz** (wenn also das Verb gebeugt wird und sich die Wortstellung ändert), bleibt die Großschreibung des Substantivs erhalten, beispielsweise:

du nimmst Anteil *sie lebt Diät*
er hält Hof *sie sitzen Modell*

Beim **Substantivieren der gesamten Wendung** werden allerdings Substantiv und Verb zusammengeschrieben:

das Maschineschreiben *das Kegelschieben*
zum Schlittschuhlaufen *beim Radfahren*

Aufgabe 27:
Versuchen Sie zu erklären, warum in folgenden Wendungen die Adjektive nicht großgeschrieben werden (wie man irrtümlicherweise im Sinne von Regel 52 denken könnte):

am sonnigsten – am wärmsten – am gemütlichsten

3.2.3 Kleinschreibung in festen Verbindungen – kein Grund für Sonderwünsche

Dieses Kapitel schließt sich unmittelbar an *die vorigen* an. Wenn man *die vorigen* aufmerksam gelesen hat, wird man allerdings stutzen: Handelt es sich bei dem Wort *vorigen* nicht um die Substantivierung eines Adjektivs, das wegen des vorangehenden Artikels großzuschreiben wäre? Nein, der Schein trügt. Bei näherem Hinsehen erkennt man nämlich, dass hier gar keine Substantivierung vorliegt; denn in beiden Sätzen ist nur aus stilistischen Gründen das Wort *Kapitel* zweimal ausgelassen worden. Wenn man es aber einfügt, merkt man, dass das Adjektiv als normales Attribut dem Substantiv *Kapitel* beigefügt ist, also: *Dieses Kapitel schließt sich unmittelbar an die vorigen* ***(Kapitel)*** *an. Wenn man die vorigen* ***(Kapitel)*** *aufmerksam gelesen hat, wird man stutzen.*
Hieraus ergibt sich:

Regel 56 Wenn sich ein **Adjektiv auf ein bestimmtes Substantiv bezieht,** wird es kleingeschrieben.
Dies ist besonders zu beachten, wenn das Substantiv ausgelassen ist und **hinzugedacht** werden muss, beispielsweise:

Er ist der kreativste (Mitarbeiter) unter den Mitarbeitern.
Unsere Aufgaben sind zwar anspruchsvoll; aber auch die anspruchsvollsten (Aufgaben) müssen gelöst werden.
Die jetzige Chefin ist beliebter als die frühere (Chefin).
Außerdem ist sie die kompetenteste (Teilnehmerin) der Teilnehmerinnen an der Tagung.
Die neue (Führungskraft) ist unsere vielseitigste Führungskraft.

Regel 57 Tritt ein **nicht dekliniertes Adjektiv nach Präposition** in festen Verbindungen **ohne Artikel** auf, so schreibt man es klein, beispielsweise:

gegen bar	*durch dick und dünn*
von fern	*von nah und fern*
von früh auf	*von früh bis spät*
von klein auf	*über kurz oder lang*
grau in grau	*schwarz auf weiß*

Achtung! Folgende Wendung ist keine feste Verbindung, sondern eine **normale Substantivierung**: *aus **S**chwarz **W**eiß machen, aus **S**chwarzem **W**eißes machen.*

Regel 58 **Einige Substantive** verlieren in festen Verbindungen mit den Hilfsverben *sein* und *werden* ihren substantivischen Charakter und **werden zu Adjektiven,** beispielsweise:

Wir sind spitze.	↔	*die Spitze*
Ich bin es leid.	↔	*das Leid*
Ihr seid schuld.	↔	*die Schuld*
Nun wird es ernst.	↔	*der Ernst*
Mir wird angst.	↔	*die Angst*

Achtung! Einige **Substantive** sind in festen Verbindungen mit einer Präposition so **verblasst,** dass sie mit diesen **verschmelzen,** beispielsweise:

beiseite	↔	*die Seite*
infolge	↔	*die Folge*
inmitten	↔	*die Mitte*

vonnöten	↔	*die Not*
zuhauf	↔	*der Haufen*

Pronomen werden kleingeschrieben, auch wenn sie **Substantive vertreten,** beispielsweise:

Wir haben mit beiden ausführlich gesprochen.
Wir haben dabei auf dieses und jenes geachtet.
Wenn einer gesprochen hat, waren alle konzentriert.
Am Schluss war (ein) jeder zufrieden.
Und manche waren sogar sehr zufrieden.

Aufgabe 28:
Entscheiden Sie, ob in folgenden Sätzen das jeweilige Substantiv **als Substantiv** gebraucht und großgeschrieben wird oder **als Adjektiv** gebraucht und kleingeschrieben wird.

Er macht p/Pleite.	Er ist p/Pleite.
Es ist u/Unrecht.	Er tut u/Unrecht.
Das macht seinen w/Wert aus.	Das ist es mir w/Wert.
Sein g/Gram belastet ihn sehr.	Er ist ihr g/Gram.

3.2.4 Einzelfälle – orthografisches Allerlei

Bei einigen festen Verbindungen von **Präposition und Substantiv** kann man wählen:

auf Grund	oder	*aufgrund*
zu Gunsten	oder	*zugunsten*
mit Hilfe	oder	*mithilfe*
auf Seiten	oder	*aufseiten*
an Stelle	oder	*anstelle*

Ebenso bei:

in Frage kommen	oder	*infrage kommen*
in Stand setzen	oder	*instand setzen*
zu Rate ziehen	oder	*zurate ziehen*
zu Tage fördern	oder	*zutage fördern*
zu Wege bringen	oder	*zuwege bringen*

In folgenden festen Verbindungen gilt jedoch nur die Großschreibung des Substantivs, beispielsweise:

auf Abruf	*in Bälde*
zu Ende	*zu Fuß*
im Grunde	*bei der Hand*
in Hinsicht auf	*zu Lande*
zur Not	*von Sinnen*

Ebenso bei:

in Acht nehmen	*außer Acht lassen*
in Betracht kommen	*zu Hilfe kommen*
in Kauf nehmen	*zu Schaden kommen*

Achtung! Einige feste Verbindungen einer Präposition mit einem **verblassten Substantiv** werden (immer schon) klein- und zusammengeschrieben, beispielsweise: *beiseite, infolge, vonnöten.*
Dagegen hat sich bei folgenden festen Verbindungen die Schreibweise geändert: *im **V**oraus, im **V**orhinein, im **N**achhinein, des **Ö**fteren.*

Einige **Substantive** werden auch **als Präpositionen** verwendet und deshalb kleingeschrieben, beispielsweise:

dank (seiner Anstrengung)	↔	*der Dank*
kraft (seines Amtes)	↔	*die Kraft*
zeit (seines Lebens)	↔	*die Zeit*

Vereinzelt wird ein Substantiv als Adverb verwendet und deshalb kleingeschrieben, beispielsweise:

Er wird hungers sterben.	≈	*vor Hunger*
Die Entscheidung war rechtens.	≈	*rechtmäßig*

Regel 59 Bei der vertraulichen **Anrede** werden die **Personalpronomen** *du* und *ihr* im Allgemeinen kleingeschrieben; in Briefen kann man sie auch großschreiben, beispielsweise:

Hast du heute schon die Zeitung gelesen?
Ich habe dich gestern Abend zu Hause angerufen.
Könnt ihr bitte bald zurückrufen?
Wir möchten euch für kommenden Freitag einladen.
Lieber Vater, du/Du kennst mich ja.

Dasselbe gilt für die **Possessivpronomen** *dein* und *euer*, beispielsweise:

Ich würde gern deine Meinung in dieser Sache wissen.
Wir nehmen eure Einladung gern an.
Lieber Tom, dein/Dein Brief hat mich sehr gefreut.
Liebe Lena, deine/Deine Mail beantworte ich sofort.
Liebe Eltern, für eure/Eure guten Wünsche danke ich.

Regel 60 Die **Höflichkeitsanrede** *Sie* und das entsprechende **Possessivpronomen** *Ihr* werden immer (auch bei der Beugung) großgeschrieben, beispielsweise:

Haben Sie am Wochenende Zeit?	(Personalpronomen)
Wir haben Sie gestern vermisst.	(Personalpronomen)
Wie geht es Ihnen?	(Personalpronomen)
Sie können Ihren Hund mitbringen.	(Possessivpronomen)
Sind Ihre Kinder schon verheiratet?	(Possessivpronomen)

Achtung! Das **Reflexivpronomen** *sich* wird immer kleingeschrieben, unabhängig davon, ob es sich auf die Anrede *du* oder *Sie* bezieht, beispielsweise:

Ich habe mich leider verspätet.	←	*sich verspäten*
Du brauchst dich nicht zu beeilen.	←	*sich beeilen*
Haben Sie sich schon umgesehen?	←	*sich umsehen*

In **offiziellen Anreden und Titeln** schreibt man das Pronomen immer groß, beispielsweise:

Auch Seine Magnifizenz hat seine Teilnahme zugesagt.
Teilen Sie dies bitte Eurer Exzellenz umgehend mit.
Auf die Gesundheit Ihrer Majestät!

Bei den **Pluralformen des Personalpronomens** muss man sich konzentrieren, da sie ja (je nach Verwendung) groß- oder kleinzuschreiben sind, beispielsweise:

Alle Gäste sind schon da. Wir bieten ihnen ein Getränk an.
(Kleinschreibung als normales Personalpronomen)
Gut, dass ich Sie treffe. Ich wollte Ihnen noch etwas geben.
(Großschreibung wegen des Höflichkeitsplurals)

Unsere Freunde stehen am Eingang. Ich begrüße sie gleich.
(Kleinschreibung als normales Personalpronomen)
Guten Abend allerseits, ich heiße Sie herzlich willkommen.
(Großschreibung wegen des Höflichkeitsplurals)

Das Wort *mal/Mal* kann als Adverb oder als Substantiv eingesetzt werden:
Als Adverb schreibt man *mal* klein, beispielsweise:

allemal	*diesmal*
keinmal	*vielmal*
zweimal	*manchmal*
x-mal	*ein andermal*
noch einmal	*auf einmal*

Als Substantiv schreibt man *Mal* groß. Dass es sich um ein Substantiv handelt, erkennt man daran, dass man es selbst oder die begleitenden Wörter **beugen** kann, beispielsweise:

jedes Mal	*nächstes Mal*
voriges Mal	*manches Mal*
einige Male	*unzählige Male*
das erste Mal	*zum letzten Mal(e)*
mit einem Mal	*ein für alle Mal(e)*

Achtung! Sind **beide Wörter betont,** kann man zwischen Getrennt- und Zusammenschreibung wählen, beispielsweise:

eín Mál	↔	*eínmal*
fünfundsíebzig Mál	↔	*fünfundsíebzigmal*
táusend Mál	↔	*táusendmal*
ein páar Mál	↔	*ein páarmal*
so víel Mál	↔	*sovíelmal*

Bei folgenden **Substantivierungen** kann man wählen zwischen:

Er wollte Ja sagen.	*Er wollte ja sagen.*
Sie kann nicht Nein sagen.	*Sie kann nicht nein sagen.*
Man sollte Bitte sagen.	*Man sollte bitte sagen.*
Du müsstest Danke sagen.	*Du müsstest danke sagen.*
Ihr hört sie Hurra schreien.	*Ihr hört sie hurra schreien.*

Bei der Verwendung von **Sprachbezeichnungen** sind feine Unterschiede zu beachten. Sie betreffen sowohl die Rechtschreibung als auch die Bedeutung.

Kleinzuschreiben ist, wenn das **Wie** (die Art und Weise) des Sprechens gemeint ist, beispielsweise:

Wir unterhalten uns deutsch. (wie?)
Wir sprechen deutsch.
Er spricht akzentfrei deutsch.

Großzuschreiben ist, wenn das **Was** (die deutsche Sprache) gemeint ist, beispielsweise:

Wir lernen Deutsch. (was?)
Wir verstehen Deutsch.
Wir können Deutsch.

Oft steht vor der Sprachbezeichnung ein Artikel oder eine Präposition, sodass es sich um eine erkennbare **Substantivierung** handelt, beispielsweise:

Er sagt etwas auf Deutsch.
Der Brief ist in Deutsch verfasst.
Dies heißt zu Deutsch: Wir sind zufrieden.

Achtung! Beim Partizip kann man wählen zwischen:
ein deutsch sprechender Mann, eine deutschsprechende Frau

Aufgabe 29:
Entscheiden Sie, ob die Wörter fehlerfrei geschrieben sind:

allezeit, beizeiten, jederzeit, seinerzeit, zurzeit (≈ jetzt)

3.3 Fremdwörter: groß oder klein? Zusammen oder mit Bindestrich? – Bewährtes und Neues

Regel 61 In **festen adverbialen Fügungen,** die **als Ganzes** aus einer anderen Sprache entlehnt werden, gilt Kleinschreibung, beispielsweise:

a capella	*coram publico*
de facto	*de jure*
in flagranti	*in nuce*
pro domo	*ex cathedra*

Regel 62 Bei **mehrteiligen Substantiven** aus anderen Sprachen wird nur das erste Wort großgeschrieben, beispielsweise:

Conditio sine qua non	*Terra incognita*
Status quo	*Status quo ante*

Regel 63 **Alle substantivischen Bestandteile** von mehrteiligen Fügungen aus einer anderen Sprache werden großgeschrieben, wenn die **gesamte Verbindung die Funktion eines Substantivs** hat, beispielsweise (seit der Reform) in folgenden Fügungen aus dem Lateinischen:

Alma Mater	*Alter Ego*
Corpus Delicti	*Ultima Ratio*
Tertium Comparationis	*Venia Legendi*

Hinzuweisen ist auch auf eine einzelne Wendung, die jetzt anders geschrieben wird: *Tabula rasa machen.*

Bei den folgenden Beispielen handelt es sich um Substantive aus dem Englischen, deren Schreibweise sich auf unterschiedliche Weise durch die Neuregelung der Rechtschreibung geändert hat. Hierbei ging es allerdings nicht nur um Groß- und Kleinschreibung, sondern auch um Zusammen- und Getrenntschreibung und oft auch um die Schreibung mit und ohne Bindestrich, wobei die Änderungen oft miteinander verzahnt sind. (Die erste Variante ist jeweils zu bevorzugen.)

Common Sense	oder	*Commonsense*
Fair Play	oder	*Fairplay*
Fast Food	oder	*Fastfood*
Happy End	oder	*Happyend*
Small Talk	oder	*Smalltalk*

Andere Schreibweise bei:

Centre-Court	oder	*Centrecourt*
Midlife-Crisis	oder	*Midlifecrisis*
Science-Fiction	oder	*Sciencefiction*
Stock-Option	oder	*Stockoption*
Trade-Union	oder	*Tradeunion*

Andere Priorität bei:

Aircondition	oder	*Air-Condition*
Coffeeshop	oder	*Coffee-Shop*
Englishwaltz	oder	*English-Waltz*
Hubbleteleskop	oder	*Hubble-Teleskop*
Shoppingcenter	oder	*Shopping-Center*

Andere Schreibweise bei:

Blackout	oder	*Black-out*
Countdown	oder	*Count-down*
Feedback	oder	*Feed-back*
Handout	oder	*Hand-out*
Layout	oder	*Lay-out*

Andre Priorität bei:

Know-how	oder	*Knowhow*
Play-back	oder	*Playback*
Rooming-in	oder	*Rommingin*
Stand-by	oder	*Standby*
Take-off	oder	*Takeoff*

Nur so:

High Society
Round Table
Shootingstar
Joint Venture
Standing Ovations
Walkie-Talkie

Aufgabe 30:
Korrigieren Sie (in Analogie zu den Beispielen) die Fehler:

Facultas docendi – Slow food – Show-Down – Fall-out

3.4 Zahlen – überschaubare Mengenlehre

Früher schrieb man Grundzahlen von 1 bis 12 als Wörter und ab 13 als Ziffern. Heute gilt diese Empfehlung nicht mehr, sondern allgemein:

Regel 64 **Grundzahlen** unter einer Million werden kleingeschrieben, beispielsweise:

bis drei zählen
bei null anfangen
neunzehnhundertzweiundvierzig
Wir vier gehören dazu.
Er fuhr unter neunzig.
durch sechs teilen
die Stunde null
Abschnitt sieben
Sie ist um die dreißig.
Diese fünf kommen.

Achtung! Die *Millionen, Milliarden* und *Billionen* schreibt man groß und getrennt, beispielsweise: *neun Millionen dreihundert(und)eins, sieben Milliarden, eine Billion.*

Regel 65 Ziffern, die **mit Wörtern verbunden** sind, können mit Bindestrich geschrieben werden, beispielsweise:

achtmal	oder	*8-mal*
achtjährig	oder	*8-jährig*
achtprozentig	oder	*8-prozentig*
achtteilig	oder	*8-teilig*
Achtzylinder	oder	*8-Zylinder*

Achtung! Bei **einigen Verbindungen von Grundzahlen mit Nachsilben** gibt es Unregelmäßigkeiten, beispielsweise:

8-fach	oder	*8fach*
die 60er-Jahre	oder	*die 60er Jahre*

Regel 66 **Substantivierte Grundzahlen** werden großgeschrieben, wenn sie Ziffern bezeichnen, beispielsweise:

Sie hat lauter Einsen.
Er würfelt eine Sechs.
Sie fürchtet sich vor der Dreizehn.
Er setzt alles auf die Vier.
Der Zeiger nähert sich der Zwölf.

Regel 67 **Substantivierte Ordnungszahlen** werden großgeschrieben, beispielsweise:

der Erste	*als Erste*
mein Erstes war	*fürs Erste*
am Ersten des Monats	*zum Ersten kündigen*
als Dritter ankommen	*Erster werden*
die Rechte Dritter	*jeder Dritte*

Regel 68 **Substantivierte Adjektive**, die **den Ordnungszahlen sinnverwandt** sind, werden großgeschrieben, beispielsweise:

Er kam nicht als Letzter durch das Ziel.
Sie wird nicht die Letzte werden.
Er ist trotz seines Alters der Viertletzte geworden.
Liebe deinen Nächsten wie dich selbst.
Der Nächste bitte.

Achtung! *Dutzend, hundert* und *tausend* kann man groß- oder kleinschreiben, wenn es sich um eine **unbestimmte Menge** handelt, die man **nicht in Ziffern angeben** kann, beispielsweise:

Es hatten viele Tausende/tausende Interesse.
Sie riefen zu Aberhunderten/aberhunderten an.
Aber es gab nur einige Dutzend/dutzend Karten.
Leider hatten Zigtausende/zigtausende Pech.
Für Tausende/tausende gibt es aber noch ein Angebot.

Bei Bruchzahlen auf -tel oder -stel vor Maßangaben kann man wählen, beispielsweise:
ein **z***ehntel Millimeter/ein* **Z***ehntelmillimeter*
in drei **h***undertstel Sekunden /in drei* **H***undertstelsekunden.*
In allen übrigen Fällen schreibt man sie groß, beispielsweise:
ein **D***rittel, das erste* **F***ünftel, um drei* **V***iertel größer*

Aufgabe 31:
Streichen Sie das Falsche durch:

in n/Null Komma nichts

Schreiben Sie als Wort 100 412:

....

3.5 Zeitangaben – mit einigen Neuerungen seit der Reform

Wie im vorigen Kapitel dargelegt, werden **Grundzahlen** kleingeschrieben. Dies gilt auch, wenn sie **in Zeitangaben** eingesetzt werden, beispielsweise:

Ich freute mich schon lange darauf, dass wir uns heute um fünf sehen.
Ab viertel fünf habe ich auf dich gewartet.

Als es halb fünf war, war ich schon ein bisschen aufgeregt.
Gegen drei viertel fünf wurde ich unruhig.
Endlich: Es ist gleich fünf.

Achtung! Kleinschreibung bei **Zeitangabe,** beispielsweise: *ab viertel fünf,* Großschreibung bei **Prozentangabe,** beispielsweise:
drei Viertel der Zeit, um drei Viertel größer als andere.

Regel 69 Zeitangaben **als Adverbien** werden kleingeschrieben, beispielsweise:

gestern *heute*
morgen *übermorgen*
morgens *mittags*
abends *nachts*
dienstags *sonntags*

Achtung! Die Kleinschreibung von Adverbien gilt auch, wenn **vor ihnen eine Präposition** steht, beispielsweise:

auf morgen vertrösten *bis morgen*
von heute auf morgen *für heute*
Entscheidung für morgen *seit heute*
zwischen gestern und heute *von heute an*
die Frauen von heute *Mode von gestern*

Achtung! Bei einer echten **Substantivierung** wird das Adverb (natürlich) großgeschrieben, beispielsweise:

Sie leben ganz im Heute.
Sie vergessen, dass es ein Gestern gab.
Aber sie hoffen auf ein Morgen.
Zwischen dem Gestern und dem Morgen liegt ein Tag.
Das Heute kann so schön sein.

Regel 70 Zeitangaben als **Substantive** werden großgeschrieben, beispielsweise:

Eigentlich sind alle Sonntage schön.
Aber am Sonntag nach Pfingsten hatte er Geburtstag.
Jener Sonntag war ein ganz besonderer Tag.
Gegen Abend sangen die Nachbarn ihm ein Ständchen.

Regel 71 In der Verbindung von **Zeitadverbien** wie *gestern*, *heute* und *morgen* **und Tageszeiten** wird die Tageszeit (seit der Reform) großgeschrieben, beispielsweise:

vorgestern Abend	*vorgestern Nacht*
gestern Morgen	*gestern Mittag*
heute Nachmittag	*heute Abend*
morgen Vormittag	*morgen Mittag*
übermorgen Abend	*übermorgen Mitternacht*

Achtung! Bei der nachgestellten Tageszeit *früh* kann man wählen zwischen *morgen früh* oder *morgen* ***Früh***.

Regel 72 Die Verbindung von **Wochentag und Tageszeit** wird jetzt meist zusammengeschrieben, beispielsweise:

Meine Montagabende sind lange im Voraus verplant.
Am Montagabend kommen nämlich unsere Freunde.
Fast jeden Montagabend im Jahr ist dies so.
Es ist für Montagabend wieder ein Büffet vorbereitet.
Eines schönen Montagabends habe ich beim Pokern gewonnen.

Achtung! Wird in dieser Verbindung der **Wochentag** ebenfalls **als Adverb** ausgedrückt, so kann man jetzt wählen zwischen:
montags abends oder *montagabends*.

Aufgabe 32:
Falls fehlerhaft, korrigieren Sie bitte:

Wir treffen uns Montags immer bei uns. Wir kaufen noch ein für das Bü**ff**et von Morgen. Morgen abend steht es bereit.

3.6 Namen, Titel, feste Begriffe – Zugeständnisse an die Bedeutsamkeit

Dass Eigennamen großgeschrieben werden, bedürfte keiner besonderen Erwähnung, wären da nicht die vielen **mehrteiligen Namen,** deren Schreibung zu klären ist.

Regel 73 **Adjektive in mehrteiligen Namen** werden großgeschrieben, beispielsweise:

Medici-Herrscher:	*Lorenzo der Prächtige*
Bezeichnung für Rom:	*die Ewige Stadt*
Sternbild des Nordhimmels:	*der Große Bär*
Schatzkammer in Dresden:	*Grünes Gewölbe*
legendäre Gartenanlage in Babylon:	*Hängende Gärten der Semiramis*

Hierzu gehören vor allem **geografische Namen** wie:

Totes Meer	*Schwarzes Meer*
Kahler Asten	*Hohe Tatra*
Kleine Antillen	*Stiller Ozean*
Kap der Guten Hoffnung	*Großer Belt*
Schwäbische Alb	*Holsteinische Schweiz*

Ebenso Namen von **Institutionen, Organisationen** u. Ä. wie:

Statistisches Bundesamt	*Deutscher Bundestag*
Zweites Deutsches Fernsehen	*Europ. Gerichtshof*
Institut für Angewandte Physik	*Vereinte Nationen*
Naturkundliches Museum	*Int. Rotes Kreuz*
Allgemeiner Deutscher Automobil-Club	*Techn. Hochschule*

Ebenso **historische Ereignisse, Epochen** und **Kalendertage** wie:

der Westfälische Frieden	*der Heilige Abend*
Dt.-Französischer Krieg 1870/71	*der Erste Mai*
Erster Punischer Krieg	*der Weiße Sonntag*
Zweiter Weltkrieg	*der Stille Freitag*
Russischer Feldzug 1812	*Tag der Dt. Einheit*

Ebenso **Titel, Ehren- und Amtsbezeichnungen** wie:

Heiliger Vater	*Königliche Hoheit*
Katharina die Große	*der Alte Fritz*
Erster Staatsanwalt	*Erster Geiger*
Erster Vorsitzender	*Erster Bürgermeister*
Regierender Bürgermeister	*Technischer Direktor*

Ebenso **besondere Bauwerke** wie:

die Blaue Moschee	(in Istanbul)
das Alte Rathaus	(in Leipzig)
der Französische Dom	(in Berlin)
die Große Mauer	(in China)
der Schiefe Turm	(in Pisa)

Ebenso fachsprachliche **Bezeichnungen zur Klassifizierung** im Bereich der **Botanik** wie:

Fleißiges Lieschen	(Sommerblume)
Gelbe Rüben	(Möhren)
Blauer Eisenhut	(Blütenstaude)
Grüner Veltliner	(Weinsorte)
Schwarzer Holunder	(Fliederart)

Ebenso fachsprachliche **Bezeichnungen zur Klassifizierung** im Bereich der **Zoologie** wie:

Deutsche Dogge	(Hunderasse)
Roter Milan	(Greifvogel)
Schwarze Mamba	(Giftschlange)
Schwarze Witwe	(Spinnenart)
Nordische Wühlmaus	

Ebenso **bestimmte namensähnliche Fügungen** wie:

die Weiße Rose	(Widerstandsbewegung)
die Rote Armee	(Sowjetarmee)
der Rote Planet	(Mars)
die Rote Liste	(Liste bedrohter Arten)
die Rote Erde	(Bezeichnung für Westfalen)

Ebenso **inoffizielle Eigennamen** wie:

Schwarzer Kontinent	↔	*schwarzer Markt*
Ferner Osten	↔	*ferne Länder*
Naher Osten	↔	*nahe Beziehung*
Hohes Haus	↔	*hohes Ziel*
Vereinigte Staaten	↔	*vereinigte Kräfte*

Ebenso **Herkunftsnamen auf -er,** beispielsweise:

Schweizer Käse	*Hamburger Hafen*
Wiener Schnitzel	*Kölner Altstadt*
Schwarzwälder Kirschtorte	*Berliner Zoo*
Nürnberger Lebkuchen	*Bonner Kunstmeile*
Münch(e)ner Kindl	*Potsdamer Abkommen*

Regel 74 Adjektive mit der **Endsilbe -(i)sch,** die **von Personennamen abgeleitet** sind, werden meist kleingeschrieben. Möchte man jedoch den Namen betonen, so kann man ihn großschreiben und die Nachsilbe mit **Apostroph** abtrennen, beispielsweise:

die darwinsche Lehre	*die Darwin'sche Lehre*
die grimmschen Märchen	*die Grimm'schen Märchen*
das ohmsche Gesetz	*das Ohm'sche Gesetz*
eine freudsche Fehlleistung	*eine Freud'sche Fehlleistung*
die lutherische Bibelübersetzung	*die Luther'sche Bibelübersetzung*

Achtung! Es gibt Ausnahmen, bei denen nur Großschreibung möglich ist, beispielsweise:
*der **H**alleysche Komet* bzw. *der **H**alley'sche Komet.*

Regel 75 Tritt ein **Adjektiv** als Bestandteil von **Namen mit neuer Gesamtbedeutung** auf, so kann man zwischen Groß- und Kleinschreibung wählen, beispielsweise:

schwarzes Gold (Kohle)	oder *Schwarzes Gold*
schwarzer Mann (Schornsteinfeger)	oder *Schwarzer Mann*
schwarze Kunst (Zauberei)	oder *Schwarze Kunst*
schwarzer Tod (Beulenpest)	oder *Schwarzer Tod*
schwarzer Peter (Kartenspiel)	oder *Schwarzer Peter*

Ebenso auch bei einzelnen festen Verbindungen, die im Alltag **wie Fachausdrücke** benutzt werden, obwohl es sich nur um Ausdrücke mit metaphorischem Konnotat handelt, beispielsweise:

schwarzes Brett (Anschlagbrett)	oder *Schwarzes Brett*
blauer Brief (Mahnschreiben)	oder *Blauer Brief*
weißer Sport (Tennis)	oder *Weißer Sport*
letzter Wille (Testament)	oder *Letzter Wille*
grüne Lunge (Grünfläche einer Stadt)	oder *Grüne Lunge*

Regel 76

Adjektive in festen Wortgruppen, die zwar als Namen empfunden werden, aber **keine Namen** sind, werden kleingeschrieben, beispielsweise:

das große Einmaleins	*das autogene Training*
die alten Bundesländer	*das neue Jahr*
die angewandte Physik	*die höhere Mathematik*
die graue Maus	*die schöne Bescherung*
der bunte Hund	*die weiße Weste*

Es ist jedoch nicht immer leicht, die unterschiedlichen Aspekte voneinander zu unterscheiden, wie folgende Beispiele zeigen:

Normale Fügungen	Namensähnliche Fügungen	Fügungen mit neuer Gesamtbedeutung
das **g**roße Latinum	der **G**roße Teich (ugs. für Atlantischer Ozean)	der **g/G**roße Lauschangriff
die **h**eilige Messe	die **H**eilige Familie (Maria, Joseph, Jesus)	der **h/H**eilige Krieg
die **w**eiße Kohle (Wasserkraft)	die **W**eiße Frau (Spukgestalt)	der **w/W**eiße Tod (Lawinentod)
das **g**oldene Tor	die **G**oldenen Zwanziger	der **g/G**oldene Schnitt (Math.)
der **e**rste Spatenstich	die **E**rste Bundesliga	die **e/E**rste Hilfe (Erstversorgung)
der **k**leine Grenzverkehr	**K**lein Erna	die **k/K**leine Anfrage (im Parlament)

Aufgabe 33:
Streichen Sie die falschen Buchstaben:

der i/Indische Tee	der i/Indische Ozean
das f/Französische Baguette	die f/Französische Revolution
der k/Kalte Krieg	die k/Kalte Jahreszeit
das g/Geheime Abkommen	der g/Geheime Rat
die o/Olympischen Spiele	der o/Olympische Eid
der e/Eiserne Vorhang	die e/Eiserne Hochzeit
ein e/Englischer Garten	der e/Englischer Garten in München

3.7 Vergleichende Übersicht – wichtige Änderungen seit der Reform

Alte Schreibung	Neue Schreibung
auf **d**eutsch	auf **D**eutsch
auf ein **n**eues	auf ein **N**eues
auf **s**eiten	aufseiten, auch: auf **S**eiten
aufs **n**eue	aufs **N**eue
aus **s**chwarz **w**eiß machen	aus **S**chwarz **W**eiß machen
im **a**llgemeinen	im **A**llgemeinen
im **b**esonderen	im **B**esonderen
im **b**ösen wie im **g**uten	im **B**ösen wie im **G**uten
im **e**inzelnen	im **E**inzelnen
im **f**olgenden	im **F**olgenden
nicht im **g**eringsten	nicht im **G**eringsten
im **g**roßen und **g**anzen	im **G**roßen und **G**anzen
im **k**leinen	im **K**leinen
im **m**indesten	im **M**indesten
im **n**achhinein	im **N**achhinein
im **s**tillen	im **S**tillen
im **ü**brigen	im **Ü**brigen

Alte Schreibung	Neue Schreibung
im **v**oraus	im **V**oraus
im **v**orhinein	im **V**orhinein
im **w**esentlichen	im **W**esentlichen
in **b**ezug auf	in **B**ezug auf
bis ins **k**leinste geregelt	bis ins **K**leinste geregelt
mit **H**ilfe	auch: mithilfe
ohne **w**eiteres	ohne **W**eiteres
von **n**euem	auch: von **N**euem
von **s**eiten	vonseiten, auch: von **S**eiten
vor **k**urzem	auch: vor **K**urzem
bei **a**rm und **r**eich	bei **A**rm und **R**eich
für **a**lt und **j**ung	für **A**lt und **J**ung
für **g**roß und **k**lein	für **G**roß und **K**lein
auf **N**ull stehen	auf **n**ull stehen
über **A**chtzig	über **a**chtzig
fürs **e**rste	fürs **E**rste
kein **e**inziger	kein **E**inziger
kein **z**weiter	kein **Z**weiter
alles **m/M**ögliche	alles **M**ögliche
alles **ü**brige	alles **Ü**brige
als **n**ächstes	als **N**ächstes
als **l**etzte	als **L**etzte
sein **m**öglichstes	sein **M**öglichstes
folgendes	**F**olgendes
letzteres	**L**etzteres
verschiedenes	**V**erschiedenes

Alte Schreibung	Neue Schreibung
der erste **b**este	der erste **B**este
es ist das **b**este	es ist das **B**este
das **e**infachste ist	das **E**infachste ist
der/die/das **e**rste	der/die/das **E**rste
nicht das **g**eringste	nicht das **G**eringste
das **g**leiche tun	das **G**leiche tun
es wäre das **k**lügste	es wäre das **K**lügste
des **l**angen und **b**reiten	des **L**angen und **B**reiten
der **l**etzte	der **L**etzte
der **n**ächste	der **N**ächste
des **ö**fteren	des **Ö**fteren
das **r**ichtige	das **R**ichtige
das **s**chlimmste	das **S**chlimmste
das **s**icherste	das **S**icherste
die **ü**brigen	die **Ü**brigen
ein **ü**briges tun	ein **Ü**briges tun
das **v**orige	das **V**orige
des **w**eiteren	des **W**eiteren
jeder **b**eliebige	jeder **B**eliebige
jeder **d**ritte	jeder **D**ritte
jeder **e**inzelne	jeder **E**inzelne
und **ä**hnliches (u. **ä.**)	und **Ä**hnliches (u. **Ä.**)
oder **ä**hnliches (o. **ä.**)	oder **Ä**hnliches (o. **Ä.**)
nach **H**ause	auch: nachhause
zu **H**ause	auch: zuhause
zu **L**asten	auch: zulasten
zur **Z**eit (= derzeit)	**z**urzeit
eine **Z**eitlang	auch: eine **Z**eit lang
zugunsten	auch: zu **G**unsten
zuungunsten	auch: zu **U**ngunsten
aufs **b**este geregelt sein	auch: aufs **B**este geregelt sein
aufs **e**indringlichste	auch: aufs **E**indringlichste

Alte Schreibung	Neue Schreibung
aber:	
aufs **g**leiche hinauskommen	aufs **G**leiche hinauskommen
in **a**cht nehmen	in **A**cht nehmen
außer **a**cht lassen	außer **A**cht lassen
beim **a**lten lassen	beim **A**lten lassen
im **a**rgen liegen	im **A**rgen liegen
zum **b**esten geben	zum **B**esten geben
zum **b**esten halten	zum **B**esten halten
im **d**unkeln tappen	im **D**unkeln tappen
sein **e**igen nennen	sein **E**igen nennen
in **F**rage stellen	auch: infrage stellen
in **F**rage kommen	auch: infrage kommen
im **g**uten versuchen	im **G**uten versuchen
im **k**laren sein	im **K**laren sein
den **k**ürzeren ziehen	den **K**ürzeren ziehen
auf dem **l**aufenden sein	auf dem **L**aufenden sein
instand halten	auch: in **S**tand halten
instand setzen	auch: in **S**tand setzen
auf dem **t**rockenen sitzen	auf dem **T**rockenen sitzen
ins **t**rockene bringen	ins **T**rockene bringen
im **t**rüben fischen	im **T**rüben fischen
im **v**erborgenen blühen	im **V**erborgenen blühen
aus dem **v**ollen schöpfen	aus dem **V**ollen schöpfen
zugrunde gehen	auch: zu **G**runde gehen
zugrunde legen	auch: zu **G**runde legen
zugrundeliegend	auch: zugrunde liegend oder: zu **G**runde liegend
zuleide tun	auch: zu **L**eide tun
zumute sein	auch: zu **M**ute sein
zunutze machen	auch: zu **N**utze machen
zu **R**ande kommen	auch: **z**urande kommen
zu **R**ate ziehen	auch: **z**urate ziehen
zuschulden kommen lassen	zu **S**chulden kommen lassen
zustande bringen	auch: zu **S**tande bringen
zustande kommen	auch: zu **S**tande kommen

Alte Schreibung	Neue Schreibung
zutage fördern	auch: zu **T**age fördern
zutage treten	auch: zu **T**age treten
zuwege bringen	auch: zu **W**ege bringen
heute/gestern **a**bend	heute/gestern **A**bend
gestern **m**orgen	gestern **M**orgen
morgen **n**acht	morgen **N**acht
übermorgen **m**ittag	übermorgen **M**ittag
ja sagen	auch: **J**a sagen
guten Morgen sagen	auch: **G**uten Morgen sagen
das **e**rstemal	das erste **M**al
millionenmal	Millionen **M**al
zum **e**rstenmal	zum ersten **M**al
zum **l**etztenmal	zum letzten **M**al
acht geben	auch: **A**cht geben
jmd. **a**ngst machen	jmd. **A**ngst machen
diät leben	**D**iät leben
kegelschieben	**K**egel schieben
maschineschreiben	**M**aschine schreiben
maßhalten	auch: **M**aß halten
probefahren	**P**robe fahren
radfahren	**R**ad fahren
recht behalten	auch: **R**echt behalten
recht bekommen	auch: **R**echt bekommen
recht geben	auch: **R**echt geben
recht tun	auch: **R**echt tun
rückenschwimmen	auch: **R**ücken schwimmen
schuld haben	**S**chuld haben
unrecht behalten	**U**nrecht behalten
unrecht bekommen	**U**nrecht bekommen
unrecht haben	**U**nrecht haben
Corpus **d**elicti	Corpus **D**elicti
tabula rasa machen	**T**abula rasa machen

Aufgabe 34:
Nennen Sie die Regeln, die für folgende Wörter relevant sind:

im Stillen	Regel .....
für Groß und Klein	Regel .....
über achtzig	Regel .....
sein Möglichstes	Regel .....
alles Übrige	Regel .....
der Erste	Regel .....
das Schlimmste	Regel .....
heute Nacht	Regel .....
Schuld haben	Regel .....

4.1 Verbindungen mit einem Verb – beliebte Partnerschaften

4.1.1 Substantiv und Verb – nur mit Echtheitszertifikat

In Kapitel 3.2.2 wurde der **Normalfall** solcher festen Verbindungen von **eigenständigem** Substantiv und Verb behandelt: Im Sinne von Regel 55 wird das Substantiv groß- und vom Verb getrennt geschrieben, beispielsweise:

Angst haben – *Klavier spielen* – *Schuld tragen*

Tritt das **Verb** solcher Verbindungen **als adjektivisch gebrauchtes Partizip** auf, kann man die Schreibweise allerdings wählen, beispielsweise:

Daten verarbeiten aber als Partizip:
Daten verarbeitende/datenverarbeitende Industrie

Rad fahren aber als Partizip:
Rad fahrende/radfahrende Sportler

Rat suchen aber als Partizip:
Rat suchende/ratsuchende Bürger

Schatten spenden aber als Partizip:
Schatten spendende/schattenspendende Bäume

Völker verbinden aber als Partizip:
Völker verbindende Ideen/völkerverbindende Ideen

Wird diese Verbindung jedoch im Satz **erweitert,** so kann man die Schreibweise nicht mehr wählen, beispielsweise:

Aufsehen erregen aber erweitert nur:
ein großes Aufsehen erregender Fall

Erfolg versprechen aber erweitert nur:
noch erfolgversprechender als

Not leiden aber erweitert nur:
eine äußerst notleidende Bevölkerung

Not leiden aber erweitert nur:
eine äußerste Not leidende Bevölkerung

Wird bei der Verbindung eines **Substantivs** mit einem **Partizip ein Wort ausgespart**, so gilt Zusammenschreibung wie:

(von) Angst erfüllt	→ *angsterfüllt*
(die) Grenze überschreitend	→ *grenzüberschreitend*
(das) Herz erquickend	→ *herzerquickend*
(durch das) Milieu bedingt	→ *milieubedingt*

Einige Verbindungen aus **Substantiv** und **Partizip** sind durch ein **Fugenzeichen** zu einer untrennbaren **Einheit** verschmolzen, beispielsweise:
*arbeits**s**uchend* – *leben**s**bejahend* – *richtung**s**weisend*

Es gibt **einige Sonderfälle,** bei denen man die Schreibweise einer Verbindung von Substantiv und **Verb** schon **im Infinitiv** wählen kann, beispielsweise:

Acht geben	oder	*achtgeben*
Acht haben	oder	*achthaben*
Halt machen	oder	*haltmachen*
Maß halten	oder	*maßhalten*
Recht haben	oder	*recht haben* (getrennt!)

Konsequenterweise kann man dann auch bei der normalen **Beugung** wählen, also:

ihr gebt Acht	oder	*ihr gebt acht*
ihr habt Acht	oder	*ihr habt acht*
ihr macht Halt	oder	*ihr macht halt*
ihr haltet Maß	oder	*ihr haltet maß*
ihr habt Recht	oder	*ihr habt recht*

Achtung! Wenn diese Verbindungen **erweitert** werden, kann man jedoch die Schreibweise nicht wählen, beispielsweise:

Nur so:	*Wir müssen sehr achtgeben.*
Nur so:	*Habt gut acht!*
Nur so:	*Wir wollen jetzt einen verdienten Halt machen.*
Nur so:	*Wir müssen das erforderliche Maß halten.*

Übrigens: Das Verb *maßregeln* gehört nicht zu dieser Gruppe. Substantiv und Verb bilden hier eine untrennbare **Einheit,** auch bei der Beugung, beispielsweise:
ich maßregle – *sie wurden gemaßregelt*

Es gibt einzelne **Ausnahmen,** bei denen die **gebeugte Form** Beachtung verdient, beispielsweise:

brustschwimmen	oder	*Brust schwimmen*
aber nur:		*er schwimmt Brust*
delfinschwimmen	oder	*Delfin schwimmen*
aber nur:		*ich schwimme Delfin*
rückenschwimmen	oder	*Rücken schwimmen*
aber nur:		*sie schwimmt Rücken*
marathonlaufen	oder	*Marathon laufen*
aber nur:		*wir laufen Marathon*

Regel 77 Hat ein **Substantiv** in fester Verbindung mit einem Verb seine **Eigenständigkeit verloren,** schreibt man die Wendung klein und zusammen, beispielsweise:

eislaufen	*heimsuchen*
kopfstehen	*leidtun*
nottun	*preisgeben*
stattfinden	*standhalten*
teilnehmen	*wundernehmen*

Die Kleinschreibung wird meist auch beibehalten, wenn das Substantiv in der **konkreten Satzkonstruktion** vom Verb abgetrennt wird, also:

Sie laufen eis	*Sie suchen heim.*
Sie stehen kopf.	*Sie tun (uns) leid.*
Es tut not.	*Sie geben preis.*
Es findet statt.	*Sie halten stand.*
Sie nehmen teil.	*Es nimmt wunder.*

Achtung! Es gibt **Einzelfälle,** bei denen das Substantiv bei der Beugung entweder erhalten bleiben oder mit dem Verb zusammengeschrieben werden kann, beispielsweise:

danksagen	oder	*Dank sagen*
entsprechend:		
ich danksage	oder	*ich sage Dank*
haushalten	oder	*Haus halten*
entsprechend:		
er haushaltet	oder	*er hält Haus*
hohnlachen	oder	*Hohn lachen*
entsprechend:		
ich hohnlache	oder	*ich lache Hohn*
staubsaugen	oder	*Staub saugen*
entsprechend:		
wir staubsaugen	oder	*wir saugen Staub*
gewährleisten	oder	*Gewähr leisten*
entsprechend:		
er gewährleistet (Sicherungsschutz)		
	oder	*er leistet Gewähr (für ...)*

Es gibt auch Einzelfälle, bei denen Substantiv und Verb immer **untrennbar** sind, beispielsweise:

brandmarken	→	*du brandmarkst*
schlafwandeln	→	*sie schlafwandelt*
schlussfolgern	→	*ihr schlussfolgert*

Einige dieser Verbindungen werden jedoch **meist nur im Infinitiv** verwendet, beispielsweise:
bauchreden – *sonnenbaden* – *wettlaufen*

Aufgabe 35:
Fügen Sie die angebotene Verbindung aus Substantiv und Verb bzw. Substantiv und Partizip jeweils korrekt in den Satz ein. (Einmal gibt es zwei Möglichkeiten.)

heimreisen:	Wir reisen heute noch ....
Aufsicht führend:	Wir erwarten sehr gewissenhafte .... Lehrer.
diensthabend:	Der .... Arzt steht bereit.

4.1.2 Verb und Verb – das demokratische Prinzip

Regel 78 Die Verbindung eines **Verbs im Infinitiv** mit einem **weiteren Verb** wird meist getrennt schrieben, beispielsweise:

baden gehen
spazieren gehen
stiften gehen
flöten gehen
einkaufen gehen

lieben lernen
kochen lernen
sprechen lernen
schwimmen lernen
warten lernen

Genauso auch:

bestehen bleiben
haften bleiben
hocken bleiben
stehen bleiben
kleben bleiben

fallen lassen
laufen lassen
ruhen lassen
einwirken lassen
fahren lassen

Die **Getrenntschreibung** beider Verben bleibt auch in allen Formen der **Beugung** erhalten, beispielsweise:

ich gehe spazieren	(Präsens)
ich bin spazieren gegangen	(Perfekt)

ich ging spazieren	(Präteritum)
ich war spazieren gegangen	(Plusquamperfekt)
ich werde spazieren gehen	(Futur I)
ich werde spazieren gegangen sein	(Futur II)

Für die **Substantivierung** der gesamten Wendung gilt jedoch Zusammenschreibung (genauso wie bei der Substantivierung der Substantiv-Verb-Verbindung, vgl. Seite 76), also:
das Spazierengehen – das Kochenlernen – das Ruhenlassen

Achtung! Im Einzelnen gibt es **manche Sondervorschrift:**

Die Verbindung der Verben *kennen* und *lernen* kann man wahlweise schreiben: *kennenlernen* oder *kennen lernen.*

Regel 79 Eine Verb-Verb-Verbindung kann man zusammen- oder getrennt schreiben, wenn **das zweite Verb** *bleiben* oder *lassen* lautet und die Verbindung **im übertragenen Sinn** verwendet wird, beispielsweise:

liegen bleiben oder *liegenbleiben*
im Sinne von: *unerledigt bleiben*
aber wörtlich:
Möchtest du liegen bleiben oder schon aufstehen?

sitzen bleiben oder *sitzenbleiben*
im Sinne von: *nicht versetzt werden*
aber wörtlich:
Du brauchst nicht aufzustehen, sondern kannst ruhig sitzen bleiben.

stehen lassen oder *stehenlassen*
im Sinne von: *sich abwenden*
aber wörtlich:
Man hat ihn nicht sitzen, sondern stehen lassen.

hängen lassen oder *hängenlassen*
im Sinne von: *im Stich lassen*
aber wörtlich:
Wir sollten das Bild dort hängen lassen.

Andere Verb-Verb-Verbindungen mit *bleiben* oder *lassen* als zweitem Verb im übertragenen Sinn sind beispielsweise:

stehen bleiben/stehenbleiben = *aufhören*
(z. B. *Die Uhr ist stehen geblieben/stehengeblieben.*)

stecken bleiben/steckenbleiben = *stocken*
(z. B. *Er ist bei seiner Rede stecken geblieben/steckengeblieben.*)

(sich) treiben lassen/treibenlassen = *passiv bleiben*
(z. B. *Man sollte sich nicht treiben lassen/treibenlassen.*)

platzen lassen/platzenlassen = *absagen*
(z. B. *Wir haben den Termin platzen lassen/platzen lassen.*)

Kommt eine getrennt geschriebene **Verb-Verb-Verbindung (im übertragenen Sinn)** als **Infinitiv mit *zu*** vor, so kann man die Schreibweise wählen, beispielsweise:

Du brauchst den Kopf nicht hängen zu lassen.
oder
Du brauchst den Kopf nicht hängenzulassen.

Tritt eine normale Verb-Verb-Verbindung **als adjektivisch gebrauchtes Partizip** auf, so kann man die Schreibweise wählen, beispielsweise:

baden gehen	aber als Partizip:
die baden gehenden Freunde	oder
die badengehenden Freunde	(Partizip Präsens)
lesen üben	aber als Partizip:
die lesen übenden Mädchen	oder
die lesenübenden Mädchen	(Partizip Präsens)
schreiben lernen	aber als Partizip:
die schreiben lernenden Jungen	oder
die schreibenlernenden Jungen	(Partizip Präsens)
hocken bleiben	aber als Partizip:
die hocken gebliebenen Kinder	oder
die hockengebliebenen Kinder	(Partizip Perfekt)

fallen lassen	aber als Partizip:
die fallen gelassenen Kugeln	oder
die fallengelassenen Kugeln	(Partizip Perfekt)

Ist **das erste Verb** ein **Partizip,** wird in der Regel getrennt geschrieben.
Aber auch hier kann man die Schreibweise wählen, wenn die Verbindung als **adjektivisch gebrauchtes** Partizip verwendet wird, beispielsweise:

getrennt schreiben	aber als Partizip:
die getrennt geschriebenen Wörter	oder
die getrenntgeschriebenen Wörter	
getrennt leben	aber als Partizip:
das getrennt lebende Paar	oder
das getrenntlebende Paar	
gefangen nehmen	aber als Partizip:
der gefangen genommene Agent	oder
der gefangengenommene Agent	
gefangen setzen	aber als Partizip:
der gefangen gesetzte Kurier	oder
der gefangengesetzte Kurier	
gefangen halten	aber als Partizip:
der gefangen gehaltene Reporter	oder
der gefangengehaltene Reporter	

Achtung! Tritt das **Partizip** einer solchen Verbindung jedoch **in einer zusammengesetzten Zeit** auf, so bleibt die Getrenntschreibung, beispielsweise:

Perfekt Passiv:
Die Wörter sind immer getrennt geschrieben worden.
Perfekt Aktiv:
Das Paar hat noch nie getrennt gelebt.
Plusquamperfekt Aktiv:
Sie hatten gestern den Agenten gefangen genommen.
Plusquamperfekt Passiv:
Noch nie war jemand deswegen gefangen gesetzt worden.
Futur II Passiv:
Er wird noch einige Tage gefangen gehalten werden.

Aufgabe 36:
Entscheiden Sie, ob in folgenden Sätzen die Verb-Verb-Verbindung wörtlich oder im übertragenen Sinn zu verstehen ist. Streichen Sie die falsche Schreibweise durch und notieren Sie bei übertragenem Sinn die neue Bedeutung:

Wir haben die Sache schleifen lassen/schleifenlassen.

....

Hier hat sich bisher keiner blicken lassen/blickenlassen.

....

Sie haben sich bald schätzen gelernt/schätzengelernt.

....

Viel Gelerntes ist hängen geblieben/hängengeblieben.

....

Schön, dass so viel haften geblieben/haftengeblieben ist.

....

4.1.3 Adjektiv und Verb – ein bisschen kompliziert, aber einleuchtend

Regel 80 Die Verbindung eines Adjektivs mit einem Verb wird in der Regel getrennt geschrieben, beispielsweise:

schnell fahren	*gut leben*
laut singen	*schwer tragen*
klar denken	*steif stehen*
leise rufen	*matt schimmern*
hell leuchten	*treu dienen*

Achtung! Bei den aufgeführten Beispielen nimmt das Adjektiv grammatisch jeweils die Funktion eines **Adverbs**

wahr, da es das Verb erläutert, beispielsweise: ***Wie** leuchtet es? Es leuchtet **hell.***
Die Verbindung eines Adjektivs mit einem zusammengesetzten oder reflexiven Verb ist immer getrennt zu schreiben, beispielsweise:

schnell anfahren	*sich grün ärgern*
laut vorsingen	*sich weit öffnen*
klar durchdenken	*sich schlecht fühlen*
leise ausrufen	*sich bloß strampeln*
hell aufleuchten	*sich tief bücken*

Ebenso ist die Verbindung eines Adjektivs mit einem Verb getrennt zu schreiben, wenn das **Adjektiv erweitert** ist, beispielsweise:

sehr schnell fahren	*schneller fahren*
besonders laut singen	*lauter singen*
ganz klar denken	*klarer denken*
allzu leise rufen	*leiser rufen*
recht hell leuchten	*heller leuchten*

Regel 81 Drückt ein **einfaches Adjektiv** bei seiner Verbindung mit einem Verb das Ergebnis der im Verb genannten Tätigkeit aus **(resultative Bedeutung),** kann man die Schreibweise wählen, beispielsweise:

klein schneiden oder *kleinschneiden*
(*klein* ist das Resultat des Schneidens.)

warm machen oder *warmmachen*
(*warm* ist das Resultat des Machens.)

nass spritzen oder *nassspritzen*
(*nass* ist das Resultat des Spritzens.)

stramm ziehen oder *strammziehen*
(*stramm* ist das Resultat des Ziehens.)

weich kochen oder *weichkochen*
(*weich* ist das Resultat des Kochens.)

Weitere Beispiele sind:

blank polieren	oder	*blankpolieren*
frei schaufeln	oder	*freischaufeln*
gesund pflegen	oder	*gesundpflegen*
kaputt machen	oder	*kaputtmachen*
trocken wischen	oder	*trockenwischen*

Achtung! Handelt es sich nicht um ein einfaches, sondern um **ein erweitertes Adjektiv (mit resultativem Charakter),** so ist nur getrennt zu schreiben, beispielsweise:

sehr klein schneiden	*kleiner schneiden*
besonders warm machen	*wärmer machen*
ganz nass spritzen	*nasser spritzen*
allzu stramm ziehen	*strammer ziehen*
recht weich kochen	*weicher kochen*

Dasselbe gilt, wenn in dieser resultativen Verbindung mit einem Verb das **Adjektiv zusammengesetzt oder abgeleitet** ist, beispielsweise:

bewusstlos schlagen	*traurig machen*
schachmatt setzen	*neugierig machen*
dunkelrot färben	*mutig machen*
dingfest machen	*andächtig machen*
blitzeblank putzen	*starrsinnig machen*

Regel 82 Ergibt die Verbindung eines (meist einfachen) Adjektivs mit einem Verb eine **neue Gesamtbedeutung,** so schreibt man zusammen, beispielsweise:

im Sinn von *ungelöst bleiben:*	*offenbleiben*
im Sinn von *betrügen:*	*falschspielen*
im Sinn von *misslingen:*	*schiefgehen*
im Sinn von *pessimistisch sein:*	*schwarzsehen*
im Sinn von *besonders betonen:*	*großschreiben*

Ebenso:

im Sinn von *klappen:*	*glattgehen*
im Sinn von *zermürben:*	*fertigmachen*
im Sinn von *plausibel sein:*	*naheliegen*
im Sinn von *überdrüssig sein:*	*satthaben*
im Sinn von *in Ruhe lassen:*	*zufriedenlassen*

Achtung! Ist jedoch **nicht klar** zu entscheiden, **ob eine neue Gesamtbedeutung** vorliegt oder nicht, kann man die Schreibweise wählen, beispielsweise:

bekannt geben	oder	*bekanntgeben*
übel nehmen	oder	*übelnehmen*
lieb gewinnen	oder	*liebgewinnen*
gering schätzen	oder	*geringschätzen*
laut werden	oder	*lautwerden*

Ebenso:

frei bekommen	oder	*freibekommen*
schwach werden	oder	*schwachwerden*
fertig stellen	oder	*fertigstellen*
schwer machen	oder	*schwermachen*
wach liegen	oder	*wachliegen*

Hierzu noch **zwei Einzelfälle:**
Bei der Verbindung des Adjektivs *voll* mit einem Verb ist die Zusammenschreibung üblich, beispielsweise:

vólltanken	*vóllgießen*
vóllladen	*vóllpumpen*

Achtung! Dagegen gilt die Getrenntschreibung, wenn das Adjektiv **erweitert** ist, beispielsweise:

ganz voll tanken	*sehr voll gießen*
besonders voll laden	*noch voller pumpen*

Die Getrenntschreibung gilt auch, wenn **beide Wörter betont** werden, beispielsweise:

vóll begreífen *vóll konzentríeren*
(den Mund recht) vóll néhmen *(sich) vóll eínbringen*

Auch bei der Verbindung des Adjektivs *fest* mit einem Verb ist die Zusammenschreibung üblich, beispielsweise:

féstbinden *féstdrehen*
féstnageln *féstzurren*

Dagegen gilt auch hier die Getrenntschreibung, wenn das Adjektiv **erweitert** ist, beispielsweise:

ganz fest binden *sehr fest drehen*
besonders fest nageln *noch fester zurren*

Und auch hier gilt die Getrenntschreibung, wenn **beide Wörter betont** werden. (Folgende Beispiele sind noch aus einem weiteren (schon bekannten) Grund getrennt zu schreiben: Das Verb ist zusammengesetzt, vgl. Seite 109.)

fést ánbinden *fést eínbauen*
fést ánnähen *fést eínmauern*

Aufgabe 37:
Tragen Sie die Wendungen aus Adjektiv und Verb in die passende Rubrik ein. (Drei der Beispiele könnten übrigens auch getrennt geschrieben werden.)

flachklopfen, kaltlassen, leichtfallen, leeressen, saubermachen, gutschreiben

Das einfache Adjektiv zeigt das Resultat der im Verb genannten Tätigkeit an.	Die Verbindung von Adjektiv und Verb ergibt eine neue Gesamtbedeutung.
....	....
....	....
....	....

4.1.4 Adverb und Verb – Betonung als Schreibhilfe

Adverbien sind in der Regel **selbstständige Wörter,** deren Aufgabe es ist, ein Verb näher zu erläutern, beispielsweise:

> *Die Tiere im Zoo werden immer* (Adverb der Zeit) *artgerecht versorgt.*
> *Dort* (Adverb des Ortes) *können sie von den Besuchern beobachtet werden.*
> *Die meisten Tiere halten sich gern* (Adverb der Art und Weise) *im Freien auf.*
> *Deshalb* (Adverb des Grundes) *wird ihnen ein natürlicher Lebensraum geschaffen.*
> *Sie sind dadurch* (Adverb des Mittels) *für die Besucher zum Greifen nah.*

Es gibt aber auch Adverbien, die sich als **Verbpartikel** mit einem Verb verbinden können, wodurch sich ein zusammengesetztes Verb und (natürlich) Zusammenschreibung ergeben, beispielsweise:

abwärtsgleiten	*auseinanderfallen*
beisammensitzen	*davonschleichen*
hineingehen	*nebenherlaufen*
vorbeifließen	*wegschauen*
weiterkommen	*zusammenbleiben*

Spricht man solche **Zusammensetzungen** laut aus, so hört man, dass ihr Hauptakzent jeweils auf dem Adverb liegt.

Hieran kann man die allgemeine Rechtschreibregel ablesen:

Regel 83 Liegt in der Verbindung von Adverb und Verb der **Hauptakzent auf dem Adverb,** schreibt man beide Wörter zusammen, beispielsweise:

ábwärtsgehen	*auseinánderfallen*
beisámmensitzen	*davónschleichen*
hinéingehen	*nebenhérlaufen*
vorbéifließen	*wégschauen*
wéiterkommen	*zusámmenbleiben*

Dieselben Adverbien können aber auch als **selbstständige Wörter** auftreten, was wiederum Auswirkungen auf die Schreibweise hat:

Regel 84 Liegt in der Verbindung von Adverb und Verb der **Akzent auf beiden Wörtern,** schreibt man sie getrennt, beispielsweise:

Können wir endlich hineíngehen? aber:
Wollen wir hier hineín géhen oder hineín laúfen?

Darf ich heute einmal dábleiben? aber:
Ihr sollt dá bleíben, wo ihr gerade seid.

Ich würde dich gern wíedersehen. aber:
Ich würde gérn séhen, wie diese Blume blüht.

Könntest du bitte dazúkommen? aber:
Dazú kómmen Fälle, die nicht so eindeutig sind.

Dies lässt sich nicht vorhérsagen. aber:
Sie werden dir vórher ságen, wann du an der Reihe bist.

In einigen Fällen ist die Getrenntschreibung leicht zu erkennen, wenn das Adverb nämlich in Verbindung mit einem **zusammengesetzten Verb** steht, beispielsweise:

wieder ánbringen	↔	*wíederbringen*
zuvór mítkommen	↔	*zuvórkommen*
zusámmen áusrechnen	↔	*zusámmenrechnen*

wéiter ángeben	↔	*wéitergeben*
dazwíschen ábfahren	↔	*dazwíschenfahren*

Aufgabe 38:
Fügen Sie folgende Verben mit einem Adverb zusammen. Jedes Verb soll dabei nur einmal eingesetzt werden.

raufen, blicken, schreiten, stehen, setzen

hinterher..

fort..

gegenüber...

auseinander..

zusammen...

4.2 Andere Verbindungen – von Zeit zu Zeit harmonisch

4.2.1 Verbindungen mit einem Adjektiv oder Partizip – für Zwischentöne geeignet

Regel 85 Die Verbindung eines **einfachen, ungebeugten** Adjektivs mit einem gleichrangigen Adjektiv wird zusammengeschrieben, beispielsweise:

blaugrau	*nasskalt*
grüngelb	*feuchtwarm*
grauschwarz	*dummdreist*
rotgrün	*taubstumm*

Solche Adjektiv-Adjektiv-Verbindungen sind oft so konstruiert, dass durch das erste Adjektiv **die Bedeutung des zweiten Adjektivs verstärkt oder abgeschwächt** wird, beispielsweise:

bitterernst	*tieftraurig*
lauwarm	*hochanständig*
hellblau	*frühreif*
dunkelrot	*treudoof*
reinseiden	*ganzledern*

Achtung! Ist der erste Bestandteil jedoch **erweitert oder gesteigert,** schreibt man getrennt, beispielsweise:

abgrundtief traurig	(Erweiterung)
höchst anständig	(Steigerung)
heller blau	(Steigerung)
ganz rein seiden	(Erweiterung)
dunkler rot	(Steigerung)

Auch wenn das erste Adjektiv nicht einfach, sondern **abgeleitet** ist, schreibt man getrennt, beispielsweise:

riesig groß	←	*Riese*
eisig kalt	←	*Eis*
schmutzig gelb	←	*Schmutz*
sommerlich mild	←	*Sommer*
mikroskopisch klein	←	*Mikroskop*

Längere Zusammensetzungen aus gleichrangigen Adjektiven, deren Zusammenschreibung unübersichtlich wäre, schreibt man mit **Bindestrich,** beispielsweise:

die römisch-katholische Kirche
die evangelisch-lutherische Interpretation
der öffentlich-rechtliche Rundfunk
das lateinisch-deutsche Wörterbuch
die medizinisch-technische Assistentin

Außer Adjektiven können sich **auch andere Wörter** mit einem Adjektiv verbinden, um dessen Bedeutung zu verstärken oder abzuschwächen, beispielsweise:

brandneu	*hyperaktiv*
erzkonservativ	*stockfinster*
extrafein	*superschnell*
gemeingefährlich	*ultrascharf*
grundverschieden	*urgemütlich*

Ebenso auch:

brandaktuell	*hyperkorrekt*
erzböse	*stocksteif*
extraordinär	*superklug*
gemeindeutsch	*ultrahart*
grundverkehrt	*urkomisch*

Auch das zweite Adjektiv braucht nicht unbedingt ein echtes Adjektiv zu sein. Die Zusammenschreibung gilt auch, wenn **der zweite Bestandteil adjektivisch gebraucht** wird. Bedingung ist allerdings, dass **einer der beiden Bestandteile nicht als selbstständiges Wort vorkommt,** beispielsweise:

einfach	*zweifach*
letztmalig	*redselig*
schwerstbehindert	*schwindsüchtig*
blauäugig	*großspurig*
kleinmütig	*vieldeutig*

Bei einigen Adjektiv-Adjektiv-Verbindungen kann man die Schreibweise wählen, wenn der Ausdruck **sowohl als Zusammensetzung als auch als syntaktische Fügung** angesehen werden kann, beispielsweise:

állgemein gǘltig	oder	*allgemeíngültig*
schwér kránk	oder	*schwérkrank*
éng verwándt	oder	*éngverwandt*
schléchtgelaúnt	oder	*schléchtgelaunt*
leícht verdaúlich	oder	*leichtverdaúlich*

Die Sinn-Unterscheidung lässt sich an der Betonung erkennen:

Bei **Betonung beider Adjektive** liegt eine syntaktische Fügung vor. Das erste Adjektiv hat dabei eine adverbiale Funktion und gibt Auskunft über die Art und Weise. (Beispielsweise: Wie gültig ist etwas? Es ist allgemein gültig.) Man schreibt in solchen Fällen getrennt.
Bei **Betonung des ersten Adjektivs** handelt es sich um eine Zusammensetzung, die man zusammenschreibt.

Achtung! Ist der erste Bestandteil jedoch **erweitert oder gesteigert,** schreibt man nur getrennt, beispielsweise:

ganz allgemein gültig	(Erweiterung)
sehr schwer krank	(Erweiterung)
besonders eng verwandt	(Erweiterung)
äußerst schlecht gelaunt	(Erweiterung)
leichter verdaulich	(Steigerung)

Regel 86 Wird ein **Partizip mit einem Adjektiv** verbunden, gilt Getrenntschreibung, beispielsweise:

rasend schnell	*abstoßend hässlich*
auffallend schlank	*strahlend schön*
gestochen scharf	*gleißend hell*

Ebenso jetzt:

blendend weiß	*glänzend schwarz*
brütend heiß	*kochend heiß*
siedend heiß	*leuchtend rot*

Regel 87 Wird ein **Adjektiv mit einem Partizip** verbunden, richtet sich die Schreibweise nach der zugrunde liegenden Verbindung mit dem entsprechenden Verb, beispielsweise:

irregeleitet	←	*irreleiten*
hochgesteckt	←	*hochstecken*
ferngesteuert	←	*fernsteuern*
vollgefüllt	←	*vollfüllen*
festgefahren	←	*festfahren*

Dagegen aber:

breit gefächert	←	*breit fächern*
klein gedruckt	←	*klein drucken*
neu eröffnet	←	*neu eröffnen*
weich gekocht	←	*weich kochen*
weit gereist	←	*weit reisen*

Wird die Verbindung eines Adjektivs mit einem Partizip jedoch **als Attribut verwendet,** kann man sie auch zusammenschreiben, wenn man sie als Einheit ansieht, beispielsweise:

breit gefächerte / breitgefächerte Angebote
klein gedruckte / kleingedruckte Texte
neu eröffnete / neueröffnete Ausstellungen
weich gekochte / weichgekochte Eier
weit gereiste /weitgereiste Politiker

Genauso auch:

schwer wiegende / schwerwiegende Bedenken
eng anliegende / enganliegende Kleidung
gut aussehende Menschen / gutaussehende Menschen
schlecht sitzende Anzüge / schlechtsitzende Anzüge
viel sagende Blicke / vielsagende Blicke

Achtung! Ist der erste Bestandteil jedoch **erweitert oder gesteigert,** schreibt man nur getrennt, beispielsweise:

schwerer wiegende Bedenken	(Steigerung)
recht eng anliegende Kleidung	(Erweiterung)
äußerst gut aussehende Menschen	(Erweiterung)
ganz schlecht sitzend	(Erweiterung)
besonders viel sagende Blicke	(Erweiterung)

Aufgabe 39:
Welche der richtig geschriebenen Wortgruppen passt nicht zu Regel 87, obwohl es äußerlich so aussieht? Unterstreichen Sie diejenige, die nur analog zu den anderen behandelt wird.

klein geschnittenes Blatt	–	kleingeschnittenes Blatt
klein gedruckter Text	–	kleingedruckter Text
groß angelegter Plan	–	großangelegter Plan
groß gewachsenes Kind	–	großgewachsenes Kind
groß kariertes Muster	–	großkariertes Muster

4.2.2 Einzelfälle – Platz für Individualität

Verbindungen mit dem Hilfsverb *sein* werden getrennt geschrieben, beispielsweise:

*... weil du schon **da** bist*	←	***da** sein*
*... um **dabei** zu sein*	←	***dabei** sein*
*... wenn es **aus** ist*	←	***aus** sein*
*... da wir **fertig** sind*	←	***fertig** sein*
*... solange es **vonnöten** ist*	←	***vonnöten** sein*

Verbindungen mit einem Verb werden zusammengeschrieben, wenn der **erste Bestandteil** als **frei** vorkommendes Wort **ungebräuchlich** ist, beispielsweise:

*abhanden**kommen***	*anheim**stellen***
*hintan**stehen***	*inne**halten***
*einher**gehen***	*überein**stimmen***
*überhand**nehmen***	*vorlieb**nehmen***
*zunichte**machen***	*zuteil**werden***

Zusammenschreibung mit einem Verb gilt auch, wenn der **erste Bestandteil nicht mehr** einer **bestimmten Wortart** zugerechnet werden kann, beispielsweise:

*fehl**schlagen***	*feil**bieten***
*kund**tun***	*preis**geben***
*weis**machen***	*wett**eifern***

Präpositionen bilden **mit Verben** eine **untrennbare Zusammensetzung,** wenn das Verb betont wird. Die Zusammenschreibung bleibt in allen Formen der Beugung erhalten, beispielsweise:

Du durchbrichst die Regeln.	←	*durchbréchen*
Aber:		
Du brichst den Stab durch.	←	*dúrchbrechen*
Er übersetzt das Buch.	←	*übersétzen*
Aber:		
Er setzt über den Fluss über.	←	*übersetzen*
Wir unterstellen nur Gutes.	←	*unterstéllen*
Aber:		
Wir stellen uns unter das Dach.	←	*únterstellen*

Wird ein **einzelnes Adjektiv mit *nicht* verneint,** kann man beide Wörter getrennt oder zusammenschreiben, beispielsweise:

nicht öffentliche / nichtöffentliche Veranstaltungen
nicht amtliche /nichtamtliche Mitteilungen
nicht berufstätige / nichtberufstätige Frauen
nicht flektierbare / nichtflektierbare Wörter
nicht operativ / nichtoperativ behandeln

Achtung! Verneint *nicht* jedoch **eine Wortgruppe oder einen ganzen Satz,** so wird nur getrennt geschrieben, beispielsweise: *Die Veranstaltung ist nicht öffentlich zugänglich.*

Wird eine **Farbbezeichnung** durch ein vorangehendes Adjektiv **näher bestimmt,** schreibt man zusammen (vgl. Seite 115 f.), beispielsweise: *tiefblau.*
Zwei Farbbezeichnungen schreibt man ebenfalls zusammen, wenn eine **Mischfarbe** gemeint ist, beispielsweise: *rotbraune Erde.* (Die Farbe ist dann ein rötliches Braun.)
Ist das **Nebeneinander zweier Farben** gemeint, empfiehlt sich ein Bindestrich, beispielsweise: *rot-braunes Gestein.* (Das Gestein ist dann teils rot, teils braun.)

Regel 88 **Mehrteilige Wörter** schreibt man zusammen, wenn die **Wortart,** die **Wortform** oder die **Bedeutung** der einzelnen Bestandteile **nicht mehr deutlich erkennbar** ist.

Dies trifft für folgende **Adverbien** zu:

infolgedessen	*unterdessen*
andernfalls	*schlimmstenfalls*
ehrenhalber	*umständehalber*
einigermaßen	*zugegebenermaßen*
allerorten	*mancherorten*

Ebenso:

großenteils	*meistenteils*
himmelwärts	*meerwärts*
deinetwegen	*meinetwegen*
alldieweil	*derweil*
probeweise	*klugerweise*

Ebenso:

beizeiten	*zuzeiten*
geradezu	*immerzu*
dergestalt	*dermaßen*
nichtsdestominder	*nichtsdestotrotz*
zuallererst	*zuhauf*

Auch folgende **Konjunktionen** sind zusammenzuschreiben:

anstatt dass/zu	*solange*
indem	*sooft*
inwiefern	*soviel*
sobald	*soweit*

Achtung! Einige der genannten Konjunktionen dürfen nicht verwechselt werden mit **lautgleichen Adverbien** wie:

Konjunktion: *Solánge ich warte, vergeht die Zeit langsam.*
Adverb: *Du hast schon só lange auf mich gewartet.*

Konjunktion: *Soóft ich daran denke, freue ich mich.*
Adverb: *Das hast du schon só oft gesagt.*

Auch für einige **Präpositionen** gilt Zusammenschreibung:

anhand *anstatt*
infolge *inmitten*

Zusammengeschrieben wird jetzt außerdem:

irgendetwas *irgendjemand*

Immer schon galt Zusammenschreibung bei:

irgendein *irgendwo*
irgendwann *irgendwas*
irgendwie *irgendwelche*

Achtung! Andere Schreibweise in:
*Komm doch, wenn **irgend möglich.***
*Ich habe **irgend so ein** Gefühl, dass es diesmal klappt.*

Dagegen wird jetzt getrennt geschrieben:

allzu bald *allzu oft*
allzu sehr *allzu selten*

Achtung! Aber: *Die Menschen sind **allzumal** so veranlagt.*

Ebenso Getrenntschreibung seit der Reform:

genauso gut *genauso lange*
genauso viel *genauso wenig*

Achtung! Aber: *Der Kuchen wird **genau so** geteilt, dass er für alle reicht.*

Ebenso Getrenntschreibung seit der Reform:

ebenso oft *ebenso sehr*
ebenso viel *ebenso wenig*

Achtung! Aber: *Es hat sich alles* ***eben so*** *ergeben.*

Getrennt geschrieben werden auch Wendungen wie:

darüber hinaus	*gar kein*
nach wie vor	*gar nicht*
vor allem	*gar nichts*

Und wählen darf man jetzt bei:

sodass oder: *so dass*

Achtung! Aber: *Sie arbeitet* ***so, dass*** *sie krank wird.*

Und auch hierbei kann man wählen:

zuhause oder: *zu Hause*

Aufgabe 40:
Entscheiden Sie, ob sich die Verneinung auf ein einzelnes Wort oder auf eine Wortgruppe bezieht, und streichen Sie unzulässige Alternativen durch.

Der alte Codex ist nicht öffentlich/nichtöffentlich zu sehen.
Dies besteht aus nicht rostendem/nichtrostendem Stahl.
Es gibt noch nicht erneuerbare/nichterneuerbare Energien.
Das Ergebnis ist noch nicht amtlich/nichtamtlich bestätigt.
Es handelt sich um ein nicht veröffentlichtes/nichtveröffentlichtes Dokument.

4.3 Vergleichende Übersicht – wichtige Änderungen seit der Reform

Alte Schreibung	Neue Schreibung
bestehenbleiben	bestehen bleiben
bleibenlassen	auch: bleiben lassen
gehenlassen	auch: gehen lassen
hängenbleiben	auch: hängen bleiben
hängenlassen	auch: hängen lassen
kennenlernen	auch: kennen lernen
laufenlassen	auch: laufen lassen
liegenbleiben	auch: liegen bleiben
liegenlassen	auch: liegen lassen
ruhenlassen	auch: ruhen lassen
seinlassen	auch: sein lassen
sitzenbleiben	auch: sitzen bleiben
sitzenlassen	auch: sitzen lassen
stehenbleiben	auch: stehen bleiben
spazierengehen	spazieren gehen
gefangenhalten	gefangen halten
gefangennehmen	gefangen nehmen
verloren geben	auch: verloren geben
verlorengehen	auch: verloren gehen
brustschwimmen	auch: Brust schwimmen
haltmachen	auch: Halt machen
haushalten	auch: Haus halten
datenverarbeitend	auch: Daten verarbeitend
hilfesuchend	auch: Hilfe suchend
bessergehen	auch: besser gehen
fertigstellen	auch: fertig stellen
geheimhalten	geheim halten
geringschätzen	auch: gering schätzen
glatthobeln	auch: glatt hobeln

Alte Schreibung	Neue Schreibung
gutgehen	auch: gut gehen
kahlfressen	auch: kahl fressen
kleinschneiden	auch: klein schneiden
leeressen	auch: leer essen
leichtmachen	auch: leicht machen
liebhaben	auch: lieb haben
parallelschalten	auch: parallel schalten
sauberhalten	sauber halten
saubermachen	auch: sauber machen
schlechtgehen	auch: schlecht gehen
strengnehmen	streng nehmen
übelnehmen	auch: übel nehmen
wundliegen	auch: wund liegen
jmd. zufriedenstellen	auch: jmd. zufrieden stellen
blank putzen	auch: blankputzen
groß schreiben (mit großem Anfangsbuchstaben)	großschreiben
klein schreiben (mit kleinem Anfangsbuchstaben)	kleinschreiben
krank schreiben	krankschreiben
not tun	nottun
pleite gehen	pleitegehen
abhanden kommen	abhandenkommen
beiseite legen	beiseitelegen
zugute halten	auch: zugutehalten
zugute kommen	auch: zugutekommen
zunichte machen	zunichtemachen
zuteil werden	zuteilwerden
aufsein	auf sein
aussein	aus sein
beisammensein	beisammen sein
dabeisein	dabei sein
dasein	da sein
hiersein	hier sein

Alte Schreibung	Neue Schreibung
umsein	um sein
zusammensein	zusammen sein
zusein	zu sein
blankpoliert	auch: blank poliert
blondgefärbt	auch: blond gefärbt
braungebrannt	auch: braun gebrannt
breitgefächert	auch: breit gefächert
dichtgedrängt	auch: dicht gedrängt
dünnbesiedelt	auch: dünn besiedelt
engbedruckt	auch: eng bedruckt
ernstgemeint	auch: ernst gemeint
feingemahlen	auch: fein gemahlen
festangestellt	auch: fest angestellt
getrenntlebend	auch: getrennt lebend
gleichlautend	auch: gleich lautend
grobgemahlen	auch: grob gemahlen
gutgemeint	auch: gut gemeint
hartgekocht	auch: hart gekocht
helleuchtend	hellleuchtend, auch: hell leuchtend
heißgeliebt	auch: heiß geliebt
kaltlächelnd	auch: kalt lächelnd
kleingedruckt	auch: klein gedruckt
kurzgebraten	auch: kurz gebraten
langgestreckt	auch: lang gestreckt
leerstehend	auch: leer stehend
neueröffnet	auch: neu eröffnet
parallellaufend	auch: parallel laufend
schlechtgelaunt	auch: schlecht gelaunt
tiefempfunden	auch: tief empfunden
totgeboren	auch: tot geboren
treuergeben	auch: treu ergeben
übelriechend	auch: übel riechend
vielbefahren	auch: viel befahren
weichgekocht	auch: weich gekocht

Alte Schreibung	Neue Schreibung
weitreichend	auch: weit reichend
alleinerziehend	auch: allein erziehend
andersdenkend	auch: anders denkend
andersgeartet	auch: anders geartet
darauffolgend	auch: darauf folgend
nichtssagend	auch: nichts sagend
obenerwähnt	auch: oben erwähnt
obenstehend	auch: oben stehend
selbstgebacken	auch: selbst gebacken
selbstgemacht	auch: selbst gemacht
untenerwähnt	auch: unten erwähnt
untenstehend	auch: unten stehend
ernstzunehmend	auch: ernst zu nehmend
brütendheiß	brütend heiß
drückendheiß	drückend heiß
kochendheiß	kochend heiß
allgemeingültig	auch: allgemein gültig
allgemeinverständlich	auch: allgemein verständlich
blaugestreift	auch: blau gestreift
bläulichgrün	auch: bläulich grün
leichtverderblich	auch: leicht verderblich
leichtverständlich	auch: leicht verständlich
rötlichbraun	rötlich braun
schmutziggrau	schmutzig grau
schwerverständlich	auch: schwer verständlich
außerstande	auch: außer Stande
imstande	auch: im Stande
allzuoft	allzu oft
ebensogut	ebenso gut
genausowenig	genauso wenig
so daß	sodass, auch: so dass

Alte Schreibung	Neue Schreibung
soviel du willst	so viel du willst
es ist soweit	es ist so weit
soweit wie möglich	so weit wie möglich
umso (mehr)	um so (mehr)
wieviel	wie viel
zuviel	zu viel
zuwenig	zu wenig
3mal	3-mal
jedesmal	jedes Mal
3tägig	3-tägig
3jährig	3-jährig
der/die 3jährige	der/die 3-Jährige
irgend etwas	irgendetwas
irgend jemand	irgendjemand
Armvoll	auch: Arm voll
unterderhand	unter der Hand

Aufgabe 41:
Prägen Sie sich bitte die neue Schreibweise ein.

After-shave	jetzt:	Aftershave
Job-sharing	jetzt:	Jobsharing
Corned beef	jetzt:	Corned Beef/Cornedbeef
Hot dog	jetzt:	Hotdog/Hot Dog
Free climbing	jetzt:	Freeclimbing/ Free Climbing
Short story	jetzt:	Short Story/Shortstory
Big Band	jetzt auch:	Bigband
Black Box	jetzt auch:	Blackbox
Soft Drink	jetzt auch:	Softdrink

5.1 Worttrennung – wenn die Zeile nicht ausreicht

Maßstab für die Worttrennung am Zeilenende sind die **Sprechsilben,** die sich beim langsamen Sprechen ergeben, oder die **Bestandteile,** aus denen sich ein Wort zusammensetzt.

Regel 89 Mehrsilbige **einfache Wörter** trennt man so, wie sie sich beim langsamen Sprechen in **Silben** zerlegen lassen, beispielsweise:

Ha-se	*Eu-le*
Ad-ler	*Mot-te*
Ei-er	*Kat-ze*
Kü-he	*mel-ken*
Wan-de-rung	*sprin-gen*

Regel 90 Ein **einzelner Konsonant** im Wortinnern kommt bei der Worttrennung in der Regel auf die neue Zeile, von **mehreren Konsonanten** kommt nur der letzte auf die neue Zeile, beispielsweise:

Lö-we	*Karp-fen*
Mei-se	*Am-sel*
streu-nen	*fres-sen*
blö-ken	*kämp-fen*
lau-fen	*stamp-fen*

Achtung! Im Gegensatz zur früheren Schreibweise darf man **st** nun trennen; **ck** bleibt dagegen (wie **ch** und **sch**) ungetrennt, beispielsweise:

mäs-ten	*Ze-cke*
ras-ten	*Mü-cke*
Nes-ter	*Da-ckel*
knis-tern	*me-ckern*
bers-ten	*nu-ckeln*

Regel 91 **Einzelne Vokale** werden im **Anlaut** und im **Auslaut** nicht abgetrennt, auch nicht bei Komposita; im **Inlaut** ist jedoch Abtrennung erlaubt, beispielsweise:

Anlaut:	*Igel*
Anlaut:	*Uhu*
Auslaut:	*Kleie*
Anlaut im Kompositum:	*Maul-esel*
Inlaut:	*Mei-e-rei*

Regel 92 **Zusammengesetzte Wörter** trennt man nach ihren **Bestandteilen.** Ist ein Wort jedoch nicht mehr als Zusammensetzung erkennbar, kann man es auch nach Sprechsilben trennen, beispielsweise:

Wald-wie-se	*dar-um / da-rum*
Schmet-ter-ling	*ein-an-der/ei-nan-der*
Blu-men-topf-er-de	*her-aus / he-raus*
Re-gen-wurm	*hin-auf / hi-nauf*
Diens-tag	*war-um / wa-rum*

Achtung! Beginnt eine **Nachsilbe** mit einem Vokal, so nimmt man bei der Worttrennung den vorangehenden Konsonanten mit auf die neue Zeile, beispielsweise: *Lich-tung*.
Regel 92 gilt auch für **Fremdwörter.** Daher kann man oft wählen, beispielsweise:

Fe-bru-ar	oder:	*Feb-ru-ar*
Di-plom	oder:	*Dip-lom*
in-ter-es-sant	oder:	*in-te-res-sant*
par-al-lel	oder:	*pa-ral-lel*
Pu-bli-kum	oder:	*Pub-li-kum*

Achtung! Das stumme **w** in Namensendungen auf **-ow** wird wie andere Konsonanten behandelt, beispielsweise: *Tel-to-wer Rübchen*.

Aufgabe 42:
Formulieren Sie eine Empfehlung für die Worttrennung:

be-in-hal-ten	statt:	bein-halten
Spar-gel-der	statt:	Spargel-der
Sprech-er-zie-hung	statt:	Sprecher-ziehung

5.2 Abkürzungen – Stenografie für Eilige

Nach **bestimmten Abkürzungen** (die aber in der gesprochenen Sprache meist nicht verwendet werden) steht ein Punkt, beispielsweise:

für *Doktor:*	*Dr.*
für *und so weiter:*	*usw.*
für *außer Dienst:*	*a. D.*
für *zum Beispiel:*	*z. B.*
für *um Antwort wird gebeten:*	*u. A. w. g.*

Ebenso auch:

für *Telefon:*	*Tel.*
für *Band:*	*Bd.*
für *Jahrhundert:*	*Jh.*
für *Jahrgang:*	*Jg.*
für *Manuskript:*	*Ms.*

Achtung! Zu den Ausnahmen, die auch **abgekürzt gesprochen** werden, gehört *a. D.*
Außerdem weichen folgende Abkürzungen von der üblichen **Abkürzungsmethode** ab: *f.* (für *eine einzelne folgende Seite*) und *ff.* (für *mehrere folgende Seiten*).

Bei national oder international festgelegten Abkürzungen für **Maßeinheiten** setzt man im Allgemeinen keinen Punkt, beispielsweise:

für *Meter:*	*m*
für *Gramm:*	*g*
für *Sekunde:*	*s*
für *Watt:*	*W*
für *Becquerel:*	*Bq*

Achtung! Auch Abkürzungen für **Himmelsrichtungen** und bestimmte **Währungseinheiten** stehen im Allgemeinen ohne Punkt, beispielsweise: *NO* (für *Nordosten*), *EUR* (für *Euro*).

Auch bei den sog. **Kürzeln** setzt man im Allgemeinen keinen Punkt, beispielsweise:

für *Bürgerliches Gesetzbuch:*	*BGB*
für *elektr. Datenverarbeitung:*	*EDV*
für *Natrium:*	*Na*
für *Personenkraftwagen:*	*Pkw*
für *Techn. Überwachungs-Verein:*	*TÜV*

Auch viele **fachsprachliche Abkürzungen** werden ohne Punkt geschrieben, beispielsweise:

für *Ministerialblatt der inneren Verwaltung:*	*MBliV*
für *Rücklagenverordnung:*	*RücklVO*
für *Ladenschlussgesetz:*	*LadschlG*
für *Stabsunteroffizier:*	*StUffz*
für *Oberstudienrätin:*	*OStRin*

Achtung! In einigen Fällen gibt es **Doppelformen,** beispielsweise: *Co./Co* (für *Companie*), *M. d. B./MdB* (für *Mitglied des Bundestags*)

Steht eine **Abkürzung mit Punkt am Satzende,** so steht kein weiterer Punkt, beispielsweise: *Er hört gern Verdi, Bach u. a.*
Aber mit anderem Satzzeichen: *Hörst du auch gern Verdi, Bach u. a.?*
Steht eine **Abkürzung ohne Punkt am Satzende,** muss noch ein Punkt folgen, beispielsweise: *Er muss morgen zum EKG.*

Abkürzungen, die **nicht gesprochen** werden, erhalten meist **keine Beugungsendung,** beispielsweise:

für *laufendes Jahr:*	*lfdJ.*
für *im Niederländischen:*	*im Ndl.*
für *dieses Monats:*	*d. M.*

Um **Missverständnisse zu vermeiden,** kann man **Beugungsendungen anhängen:**
Endet eine Abkürzung mit dem letzten Buchstaben des abgekürzten Wortes, wird die Endung angefügt wie beispielsweise bei *Bde.* (für *die Bände*).
Bei Namen setzt man die Endung nach dem Punkt wie beispielsweise bei *K.s Werke* (für *Kants Werke*).
Bei Abkürzungen, die auch gesprochen werden, kann man eine Pluralendung anhängen, beispielsweise bei *Lkws, MGs, GmbHs.*

Aufgabe 43:
Unterstreichen Sie die übliche Abkürzung für *Tausend.*

T. – Ts. – Td. – Tsd.

5.3 Bindestrich – Klarheit auf Bestellung

Bindestriche sind dazu da, zusammengesetzte Wörter optisch zu gliedern.

Regel 93

Ein Bindestrich **kann** gesetzt werden, wenn einzelne Bestandteile einer Zusammensetzung **hervorgehoben** werden sollen, beispielsweise:

Ich-Erzählung	*Ich-Sucht*
Ist-Aufkommen	*Soll-Stärke*
nach-denken	*be-greifen*
Vor-Sätze	*Hoch-Zeit*
dass-Sätze	*Kann-Bestimmung*

Außerdem **kann** man einen Bindestrich setzen, um die **Lesbarkeit** einer unübersichtlichen Zusammensetzung zu verbessern, beispielsweise:

Handwerksmeister-Betriebsordnung
Entwicklungsressort-Chef
Teilchenbeschleuniger-Standort
Blutdruck-Messgerät

Der Bindestrich **kann** auch der Klarheit in Zusammensetzungen von **gleichrangigen Adjektiven** dienen (vgl. Seite 116), beispielsweise: *geistig-kulturelle Entwicklung, deutsch-polnische Beziehungen, psychologisch-philosophischer Aspekt.*

Er **kann** auch gesetzt werden, um **Missverständnisse** zu vermeiden, beispielsweise: *Druck-Erzeugnis ↔ Drucker-Zeugnis, Musik-Erleben ↔ Musiker-Leben, Re-integration.*

Außerdem **kann** er gesetzt werden, um das Zusammentreffen von **drei gleichen Buchstaben** zu verhindern (vgl. Seite 27), beispielsweise:

Armee-Einheit	statt:	*Armeeeinheit*
Hawaii-Inseln	statt:	*Hawaiiinseln*
Kaffee-Ersatz	statt:	*Kaffeeersatz*
Zellstoff-Fabrik	statt:	*Zellstofffabrik*

Regel 94 Ein Bindestrich **muss** (fast immer) in Zusammensetzungen mit **Einzelbuchstaben** und **Ziffern** (vgl. Seite 85) gesetzt werden, beispielsweise:

a-Moll	*γ-Strahlen*
i-Punkt	*n-Eck*
x-Achse	*X-Beine*
S-Kurve	*T-Shirt*
Dehnungs-h	*Fugen-s*

Ebenso:

8-mal	*8-jährig*
8-prozentig	*8-teilig*
8-kantig	*8-seitig*
8-tägig	*8-köpfig*
8-silbig	*8-geschossig*

Ebenso:

8-Achser	*8-Ender*
8-Karäter	*8-Pfünder*

8-Tonner	*8-Zylinder*
¾-Mehrheit	*3:0-Sieg*
W3-Professur/W-3-Professur	*2n-Eck*

Achtung! Es sei in Erinnerung gerufen, dass die **Nachsilbe -fach** mit und ohne Bindestrich an eine Ziffer gehängt werden kann (vgl. Seite 86), also: *8-fach* oder *8fach*.

Unregelmäßigkeiten gab es auch bei *Achtzigerjahre* bzw. *achtziger Jahre*, als Ziffern geschrieben: *80er-Jahre* oder *80er Jahre*.

Regel 95 Ein Bindestrich **muss** auch in Zusammensetzungen mit **Abkürzungen** oder **Kürzeln** gesetzt werden, beispielsweise:

dpa-Meldung	*H_2O-gesättigt*
Dipl.-Ing.	*Tbc-krank*
Kfz-Schlosser	*Na-haltig*
UNO-Sicherheitsrat	*UV-bestrahlt*
Fußball-WM	*DGB-eigen*

Regel 96 Man setzt einen Bindestrich zwischen alle Bestandteile **mehrteiliger Aneinanderreihungen,** beispielsweise:

Mund-zu-Mund-Beatmung	*Ost-West-Beziehung*
Latte-macchiato-Glas	*Berg-und-Tal-Bahn*
Wort-für-Wort-Übersetzung	*Erste-Hilfe-Schrank*
Frage-und-Antwort-Spiel	*Grund-Folge-Relation*

Dies gilt auch für **Aneinanderreihungen,** die **Einzelbuchstaben**, **Ziffern** oder **Abkürzungen enthalten,** beispielsweise:

A-Dur-Tonleiter	*2-Euro-Stück*
D-Zug-Wagen	*40-Stunden-Woche*
Giro-d'Italia-Gewinner	*300-Jahr-Feier*
K.-o.-Schlag	*1.-Klasse-Kabine*
Vitamin-B-haltig	*3-Zimmer-Wohnung*

Unter diese Regel fallen auch Aneinanderreihungen wie:

Abend-Make-up
De-facto-Anerkennung
Do-it-yourself-Bewegung
Fata-Morgana-ähnlich
Wasch-Eau-de-Cologne

Bindestriche werden auch gesetzt, um **bei substantivierten mehrteiligen Wortgruppen** (vgl. Seite 73) die einzelnen Bestandteile abzugrenzen, beispielsweise:

das Entweder-oder
das Sich-gar-nichts-gefallen-Lassen
das Immerzu-auf-der-Hut-Sein
das Auf-der-faulen-Haut-Liegen
das Im-Regen-Stehen

Achtung! **Übersichtliche Zusammensetzungen** mit einem substantivierten Infinitiv schreibt man ohne Bindestrich, beispielsweise: *das Inkrafttreten, das Spazierengehen, das Motorradfahren, das Sichausweiten.*

Übrigens: **Substantive** als Teil von Zusammensetzungen mit Bindestrich schreibt man groß, beispielsweise:

Napoleon-freundlich
Formel-1-tauglich
der dass-Satz/Dasssatz
Moskau-hörig
S-Kurven-reich
pH-Wert-neutral

Achtung! Ist der erste Bestandteil mehrteiliger Wortgruppen **kein selbstständiges Wort,** darf kein Bindestrich stehen, beispielsweise:

afroasiatisch
rätoromanisch
Serbokroatisch
Angloamerikaner
Neoklassizismus
Paneuropa

Mehrteilige Wörter aus dem Englischen kann man oft mit Bindestrich schreiben (vgl. Seite 84 f.), beispielsweise:

Action-Painting	oder	*Actionpainting*
Assessment-Center	oder	*Assessmentcenter*
Home-Banking	oder	*Homebanking*
Moto-Cross	oder	*Motocross*
Tie-Break	oder	*Tiebreak*

Achtung! Hier ist darauf zu achten, ob der zweite Bestandteil ein Substantiv ist oder nicht, beispielsweise muss in *Come-**back*** nach dem Bindestrich kleingeschrieben werden.

Einen **Ergänzungsstrich** setzt man, wenn in Zusammensetzungen einer von zwei gleichen Bestandteilen **eingespart** wird, beispielsweise:

Groß- und Kleinschreibung	*ein- und auspacken*
Theater- und Opernfreunde	*hoch- und tiefstapeln*
Vor- und Nachteile	*saft- und kraftlos*
Schulbücher und -hefte	*hingehen oder -laufen*
Zukunftsängste und -hoffnungen	*bergauf und -ab*

Und noch ein **Einzelfall:**
Gehört zu einem **Ortsnamen** ein Bindestrich, steht dieser auch in der Ableitung, beispielsweise: *Alt-Heidelberg, alt-heidelbergisch*. Enthält er jedoch keinen Bindestrich, so wird die Ableitung trotzdem mit Bindestrich geschrieben, beispielsweise: *Sankt Gallen* ↔ *sankt-gallische Handschrift*.

Aufgabe 44:
Machen Sie aus den Wörtern Abkürzungen mit Bindestrich.

Regierungsrat, Abteilungsleiterin, Rechnungsnummer

5.4 Apostroph und Co. – die praktischen Stellvertreter

Der Apostroph zeigt an, dass ein oder mehrere Buchstaben ausgelassen wurden.

Regel 97 Man kann einen Apostroph setzen, wenn bei Wiedergabe mündlicher Sprache ein **verkürztes Wort schwer verständlich** ist, beispielsweise:

Ich habe so 'n Hunger.	*Dann iss 'ne Scheibe.*
Er hat's nicht so gemeint.	*Jetzt ist aber g'nug.*
Es stand so auf'm Zettel.	*'s ist halt eben so.*

Ich habe nur wiederholt, wie du's zu mir gesagt hast.

Als gut verständlich gelten dagegen im Allgemeinen Fälle, bei denen **ein unbetontes -e** im Inlaut oder im Auslaut ausgelassen wurde, beispielsweise:

Ich verwechs(e)le es immer.	*Das ist aber blöd(e).*
Der Bursch(e) gefällt mir.	*Ich habe heut(e) frei.*

Regel 98 **Endet ein Eigenname auf s, ss, ß, tz oder z,** so steht statt der **Genitiv-Endung** ein Apostroph, beispielsweise:

Aristoteles' Philosophie	*Grass' Romane*
Stoß' Englischer Gruß	*Fritz' Nachname*
Marx' Anthropologie	*Graz' Innenstadt*

Achtung! Normalerweise wird im Deutschen bei Eigennamen kein Apostroph vor die Genitiv-Endung gesetzt, beispielsweise: *Goethes Dramen, Lübecks Marzipan, Deutschlands Nordgrenze.*
Einige deutsche Namen können auch mit einer längeren Auslassung geschrieben werden, beispielsweise: *D'dorf* (für *Düsseldorf*), *Ku'damm* (für *Kurfürstendamm*), *M'gladbach* (für *Mönchengladbach*).

Auslassungspunkte:
Drei Punkte zeigen an, dass in einem **Wort** oder **Satz** Buchstaben ausgelassen wurden, beispielsweise:

Verfl...!
Was Hänschen nicht lernt ...
Mit »Es war einmal ...« beginnen viele Märchen.

Mit Auslassungszeichen kann man auch das Fortlassen **größerer Textteile** kennzeichnen, beispielsweise:

Im Detail wurden dann alle vorrätigen Pflanzen aufgeführt: Anemonen, Astern, Begonien ... und Rosen.

Stehen Auslassungspunkte am **Ende eines Satzes,** so folgt kein weiterer Punkt, beispielsweise:

Meine Geschichte beginnt mit: »Es war einmal ...«
Aber:
Soll die Geschichte denn beginnen mit: »Es war einmal ...«?

Schrägstrich:

Regel 99 Der Schrägstrich **fasst Wörter (oder Zahlen) zusammen.** Er ist besonders dann geeignet, wenn man **mehrere Möglichkeiten** angeben möchte, und hat dann die Bedeutung von *beziehungsweise,* beispielsweise:

Wir möchten alle Kolleginnen/Kollegen herzlich einladen.
Ich/Wir nehme(n) Ihre Einladung gerne an.
Dies gilt für Herren und/oder Damen.

Der Schrägstrich eignet sich auch dazu, **Verhältnisse** im Sinne von *je* oder *pro* anzugeben, beispielsweise:

Im Durchschnitt fuhr er nicht schneller als 130 km/h.
Heute leben hier 1000 Einwohner/km^2.

Aufgabe 45:
In folgendem poetischen Zitat steht ein Apostroph, da sonst der Satz missverständlich wäre. Begründen Sie das sonst mögliche Missverständnis:

»Das Wasser rauscht', das Wasser schwoll.« (Goethe)

Ohne Apostroph würde das Verb ....

....

5.5 Problemwörter – häufige Fehler

Wo auch immer deutsch geschrieben wird: Bestimmte Wörter bereiten oft Schwierigkeiten. Deshalb folgt zum Schluss noch eine kleine Auswahl von fehleranfälligen Wörtern:

bejahen	auf einmal	derzeit
bescheren	dabei sein	dessentwegen
Gedächtnis	darüber hinaus	geradezu
knien	gar nicht	gleichermaßen
nämlich	immer noch	infolge
nummerieren	je nachdem	inwiefern
verwandt	umso mehr	kurzerhand
Voraussetzung	vor allem	zuliebe
ziemlich	um Himmels willen	zweifelsohne

persönlich	↔	gewöhnlich
bereuen	↔	verzeihen
spüren	↔	führen
hol!	↔	hohl
ja	↔	jäh
Nachname	↔	Wegnahme
ja	↔	jäh
Denkmal	↔	Mittagsmahl

los	↔	bloß
Weisheit	↔	Weißbrot
Griesgram	↔	Grießbrei
daraus	↔	draußen
Gläschen	↔	Tässchen
bisher	↔	ein bisschen

Brand	↔	brennen
Gestalt	↔	angestellt
Geschäft	↔	schaffen
insgesamt	↔	Sammlung
Walnuss	↔	Wallfahrt

Paket	↔	Päckchen
ergiebig	↔	du gibst
triftig	↔	du triffst
nirgends	↔	unversehens
eigentlich	↔	abendlich

Wie alt das Problem ist, zeigen folgende Texte:

Orthographia.

Nach dem Ich aber viluåltig befunden/das merernteils by allen jungen ſchrybern (die dannocht der ſchrybery zimlich bericht) ja ouch andern gelerten/ein gemeiner mangel/ Das ſie der Orthographie vnd rechten bůchſtabens nit wiſſens / oder doch zům wenigſten nit flyß haben/ſonder machē on vnderſchied/yetz zů vil/ dañ zů wenig bůchſtaben/ alſo das man mer dem verſtand/ weder den bůchſtaben nach/leſen můſs. Wölchs den leſenden vnd zůhörendē jrrig/ouch dem/den es betrift/ zů zeitē hoch nochteilig iſt. Dwyl aber die geſchrifft entlich darumb gemacht/ das man die nach dem bůchſtaben leſen ſol/ So will ich denſelbigen zů vorderſt etliche kurtze exempla vnd vnderſchied fürlegen/darnach ſie jre wörter formiern vnnd ſolich vngeſtalt verhůten mögen.

(aus: Johann Elias Meichszner: Handtbuchlin grundlichs berichts Recht vnd wolschrybens der Orthographie und Grammatic, Tübingen 1538)

Aufruf zur revolution
gegen die großen — — buchstaben!

Wer, wie schreiber dieses, seit 4 jahrzehenden als schüler, als lehrer, als schulaufseher unter dem drucke der großen buchstaben gelitten hat, mögte gewiß ein joch abwerfen, das niederdrückend auf dem geiste der deutschen jugend ruht und edle zeit dem lehrer wie dem schüler raubt. Ihr lehrer der jugend gesteht es euch nur ehrlich, vom 6. bis zum 12. und 14. jahre elendet ihr die kinder mit den großen buchstaben! Wie viele zeit ging damit verloren, mit rother tinte die kleinen buchstaben in große zu verwandeln! Welch ein jammer für das kind, wenn es nach seinen natürlichen anlagen schreibt, seine

(aus: Der Volksbote. Politische und gemeinnützige Wochenschrift für Stadt und Land, Nr. 34, 23. August 1848)

6.1 Grammatik – Architektur der Sprache

6.1.1 Wortvorrat – ein wahrlich großes Angebot

Auch wenn wir »automatisch« sprechen, richten wir uns nach einem (meist unbewussten) **Plan:** nach der Grammatik. Sie hält die **Konstruktionsvorschriften** bereit, nach denen wir unsere Wörter zu verstehbaren Sätzen verbinden.

Mehr als 300 000 Wörter stehen uns im Deutschen zur Verfügung. Jedem Wort ist eine inhaltliche Vorstellung zugeordnet, die sich auf ein Phänomen in der Welt bezieht. Wörter sind also **Zeichen,** gewissermaßen symbolische **Stellvertreter** für etwas, das wir meinen.

Wenn man sich unsere heutigen **10 Wortarten** anschaut, kann man rückschließen, dass unsere Vorfahren die Welt in **10 Kategorien** eingeteilt und sich angewöhnt haben, die Elemente desselben Bereichs mit Wörtern derselben Wortart zu bezeichnen.

Wortarten – das Team der zehn

Verb (aus lat. »Wort«)
Diese Wortart ist für **Aktivitäten** zuständig. Ungefähr ein Viertel aller deutschen Wörter gehört zu diesen Wörtern, die auch **Tätigkeitswörter** oder **Zeitwörter** heißen, weil sie Ereignisse benennen, die in der Zeit ablaufen.
Es gibt drei unterschiedliche Arten von Verben:
Handlungsverben wie z. B. *zeichnen, skizzieren*
Vorgangsverben wie z. B. *glänzen, fließen*
Zustandsverben wie z. B. *halten, verweilen*
Außer diesen Vollverben gibt es auch noch eine kleine, aber wichtige Gruppe von **Hilfsverben,** die nur mit anderen Wörtern zusammen aussagefähig sind: *sein, haben, werden.*

Substantiv (aus lat. »darunterstehen«)
Mehr als die Hälfte aller deutschen Wörter gehört dieser Gruppe an. Substantive werden auch **Hauptwörter** oder **Dingwörter** genannt. Sie sind für **alles Dauerhafte** zuständig. Auch bei ihnen sind zwei unterschiedliche Gruppen zu unterscheiden:
Konkreta, die etwas bezeichnen, das man mit den Sinnen wahrnehmen kann, z. B. *Bild, Rahmen.*
Abstrakta, deren Gegenstände nur unseren Gedanken zugänglich sind, z. B. *Schönheit, Stimmung.*

Artikel (aus lat. »Gelenk«)
Zur Gruppe der **Geschlechtswörter** gehören nur 6 Vertreter: der **bestimmte Artikel** *der, die, das* und der **unbestimmte Artikel** *ein, eine, ein.* Sie geben das Geschlecht jedes Substantivs an: maskulin/männlich, feminin/weiblich oder neutral/sächlich. Bei Bedarf können sie auch ein Wort einer anderen Wortart zu einem Substantiv umwandeln **(Substantivierung).**

Adjektiv (aus lat. »beifügen«)
Als **Eigenschaftswörter** sind sie für besondere **Merkmale** von Lebewesen und Gegenständen zuständig und haben die Aufgabe, deren Eigenschaften näher zu kennzeichnen. Daher treten sie meist als Begleiter von Substantiven auf, z. B. *rote (Kreide), glattes (Papier).*
Man kann Adjektive **steigern** und ihre Grundform **(Positiv)** in eine Vergleichsform **(Komparativ)** und eine Höchststufe **(Superlativ)** bringen, z. B. *hell, heller, am hellsten.*
Viele Adjektive verfügen über eine **Nachsilbe,** die anzeigt, dass sie von einem Substantiv **abgeleitet** sind, z. B. *farb-ig* (von *Farbe*), *künstler-isch* (von *Künstler*).

Adverb (aus lat. »beim Verb«)
So wie Substantive durch Adjektive genauer beschrieben werden können, können auch **Verben näher erläutert** werden: durch Adverbien. Diese sind für die näheren Umstände zuständig (weshalb sie auch **Umstandswörter**

heißen) und machen vor allem Angaben über das Drum und Dran des Geschehens, z. B. *dort* **(Ort),** *heute* **(Zeit),** *deshalb* **(Grund),** *gern* **(Art und Weise).**
Im konkreten Satz kann die Aufgabe eines Adverbs, ein Verb zu erläutern, auch manchmal durch ein **Adjektiv** wahrgenommen werden, das dann vorübergehend in die Rolle eines Adverbs schlüpft, z. B. *Das Bild gefällt mir* **gut.**

Numerale (aus. lat. »zählen«)
Wie der Name schon sagt, sind solche Zahlwörter für **Mengenangaben** zuständig.
Hier sind zwei Gruppen zu unterscheiden:
unbestimmte Zahlwörter für **ungefähre** Mengen, wie z. B. *einige, alle;* **bestimmte Zahlwörter** für **genaue** Mengen.
Hier gibt es noch einmal zwei Untergruppen: zum einen grundsätzliche Zahlen, die als **Grundzahlen/Kardinalzahlen** auftreten, wie z. B. *eins, zwei,* und zum anderen **Ordnungszahlen/Ordinalzahlen,** die den Platz in einer geordneten Reihenfolge angeben, z. B. *der Erste, der Zweite.*

Pronomen (aus. lat. »Für-Wort«)
Die deutsche Übersetzung des Begriffs darf man ruhig wörtlich nehmen; denn Pronomen können als **Stellvertreter** eines Substantivs auftreten, auch wenn einige von ihnen auch ein Substantiv begleiten können.
Hier gibt es 6 spezielle Pronomen-Arten:
Personalpronomen (aus lat. »persönlich«)
Als **persönliches Fürwort** vertritt es ein Substantiv, z. B. *Das Motiv ist eindrucksvoll;* ***es*** *reizt mich sehr.*
Possessivpronomen (aus lat. »besitzen«)
Es ist ein **besitzanzeigendes Fürwort,** z. B. ***mein*** *Stift.*
Demonstrativpronomen (aus lat. »hinweisen«)
Als **hinweisendes Fürwort** betont es etwas, z. B. *jener.*
Indefinitpronomen (aus lat. »unbestimmt«)
Als **unbestimmtes Fürwort** vertritt es ein nicht näher genanntes Substantiv, z. B. ***Man*** *hat es mir geraten.*

Interrogativpronomen (aus lat. »fragen«)
Als **Fragepronomen** vertritt es das Substantiv, nach dem gefragt wird, z. B. ***Wen** soll ich porträtieren?*
Relativpronomen (aus lat. »sich beziehen auf«)
Das **bezügliche Fürwort** ersetzt das Substantiv, auf das Bezug genommen wird, z. B. *Das Bild, **das** ich male, ist unverkäuflich.*

Konjunktion (aus lat. »verbinden«)
Bindewörter sorgen für klare Zusammenhänge zwischen einzelnen **Wörtern** oder ganzen **Sätzen.** Hierbei ist es wichtig, ob die verbundenen Elemente auf derselben Ebene stehen oder einen unterschiedlichen Rang einnehmen.
Nebenordnende Konjunktionen sind z. B. *und, oder.*
Unterordnende Konjunktionen sind z. B. *weil, indem.*

Präpositionen (aus lat. »vorangestellt«)
Die **Verhältniswörter** zeigen die **Beziehungen zwischen den Dingen** untereinander an, z. B. *Der Pinsel liegt **auf** dem Tisch.* Sie können aber auch die **Beziehung zu einem Geschehen** ausdrücken, z. B. *Ich stehe **vor** der Staffelei.* Präpositionen können nur zusammen mit einem Substantiv auftreten, das sich bei seiner Beugung nach der Präposition richten muss **(Rektion),** z. B. *auf **dem** Tisch, vor **der** Staffelei.*

Interjektion (aus lat. »dazwischenwerfen«)
Diese letzte Gruppe der Wortarten unterscheidet sich deutlich von den übrigen: Die **Ausrufewörter** artikulieren spontane Äußerungen. Sie können **Empfindungen** zur Sprache bringen wie z. B. *au! ach!* oder **Geräusche** nachahmen wie z. B. *tick-tack, kikeriki* oder zur **Aufmerksamkeit** auffordern wie z. B. *hallo! he!*

So lassen sich die Funktionen aller Wortarten in einer Übersicht zusammenfassen:

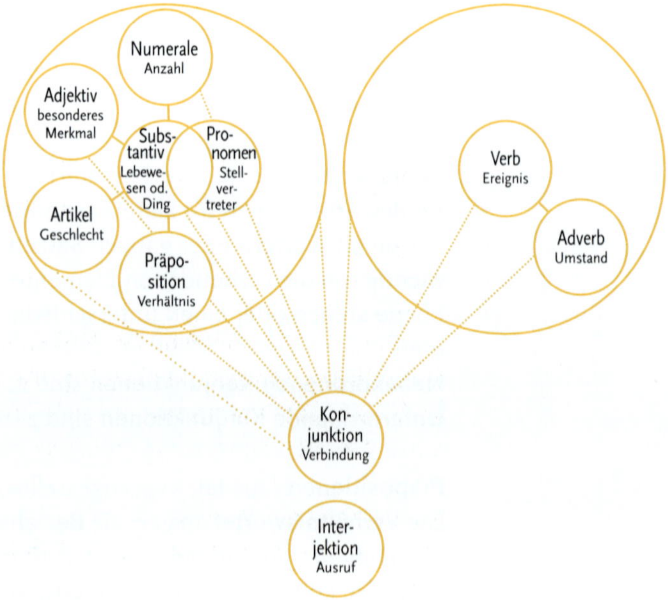

Aufgabe 46:
Streichen Sie die Wörter, die sich verirrt haben.

Pronomen:	gern, wir, dieser, mein, jemand, wer
Interjektionen:	so, hm, miau, nanu? pst! tick-tack
Konjunktionen:	nie, nachdem, damit, bevor, weil, und

Wortveränderung – damit alles zusammenpasst

Damit aus Wörtern Sätze werden, müssen sie sich einander **anpassen.** Die Vertreter vieler Wortarten lassen sich beugen:

veränderlich/flexibel	**unveränderlich/inflexibel**
Verb	Adverb
Substantiv	Präposition
Adjektiv	Konjunktion
Artikel	Interjektion
Numerale	
Pronomen	

Die **Beugung/Konjugation der Verben** lässt einen großen Formenreichtum zu. Die **Beugung/Deklination der übrigen veränderbaren Wortarten** kann sich jedoch nur innerhalb eines geringen Spielraums entfalten.

Konjugation der Verben

Die Grundform des Verbs ist der **Infinitiv**, z. B. *gehen, holen.*

- Für die Wahl **des Tempus/der Zeit** steht folgende Auswahl zur Verfügung:

○ Gegenwart:

Präsens/dauernde Gegenwart: Etwas geschieht jetzt, z. B. *ich gehe, du holst.*

Perfekt/vollendete Gegenwart: Etwas ist jetzt geschehen, z. B. *ich bin gegangen, du hast geholt.*

○ Vergangenheit:

Präteritum/dauernde Vergangenheit: Etwas geschah damals,
z. B. *ich ging, du holtest.*

Plusquamperfekt/vollendete Vergangenheit: Etwas war damals geschehen, z. B. *ich war gegangen, du hattest geholt.*

○ Zukunft:

Futur I/dauernde Zukunft: Etwas wird geschehen, z. B. *ich werde gehen, du wirst holen.*
Futur II/vollendete Zukunft: Etwas wird geschehen sein, z. B. *ich werde gegangen sein, du wirst geholt haben.*

Wie man erkennt, gibt es bei der Bildung der Tempora einige Besonderheiten:
Zum einen sind bei einigen Tempora die **Hilfsverben** *sein, haben* oder *werden* beteiligt.
Zum anderen wird das **Präteritum** (auch **Imperfekt** genannt) auf unterschiedliche Weise gebildet: **Starke Verben** bilden ihr Präteritum, indem sie ihren Stammvokal ändern, z. B. *ging.*
Schwache Verben fügen im Präteritum hinter dem Wortstamm den Buchstaben **-t-** ein, z. B. *holtest.*

- Für **die Handlungsrichtung/das Genus Verbi** gibt es zwei Wahlmöglichkeiten:

Das Aktiv/die Tatform zeigt an, dass jemand ein Geschehen verursacht, z. B. *ich grüße, du wartest.*
Das Passiv/die Leideform drückt dagegen aus, dass etwas erduldet wird, dessen Urheber nicht genannt wird, z. B. *ich werde erwartet, du wirst gegrüßt.* Verben, die man nicht ins Passiv setzen kann, heißen **intransitive/nichtzielende** Verben, z. B. *wachsen, leuchten.*

- Auch **beim Modus/der Aussageweise** eines Verbs kann man zwischen mehreren Möglichkeiten wählen:

○ Entspricht die Aussage der Wirklichkeit, so steht sie im **Indikativ/der Wirklichkeitsform**, z. B. *ich sehe* (tatsächlich), *du sprichst* (tatsächlich).
○ Ist die Aussage jedoch ungesichert, unwirklich oder nur möglich, so steht sie im **Konjunktiv/der Möglichkeitsform.**

Von ihm gibt es zwei Arten: den Konjunktiv Präsens und den Konjunktiv Präteritum.
Der **Konjunktiv Präsens/Konjunktiv I** muss vor allem in der **indirekten Rede** verwendet werden, z. B. *Er sagte, er* ***höre.***
Man bildet ihn, indem man nach dem Präsensstamm den Buchstaben **-e-** einfügt, z. B.

Indikativ Präsens	**Konjunktiv Präsens**
ich höre	*ich höre*
du hörst	*du hör-**e**-st*
er/sie/es hört	*er/sie/es hör-**e***
wir hören	*wir hören*
ihr hört	*ihr hör-**e**-t*
sie hören	*sie hören*

In Formen, in denen sich der Konjunktiv Präsens nicht vom Indikativ unterscheidet, verwendet man den **Konjunktiv Präteritum,** z. B. *Wir sagten, er* ***höre*** *von uns* (Konj. Präs.). Aber: *Wir sagten, sie* ***hörten*** *von uns* (Konj. Prät.).

Der **Konjunktiv Präteritum/Konjunktiv II** wird benutzt, wenn ein Geschehen nur **gedacht,** also **irreal** ist, z. B. ***Sähe*** *ich dich doch bald!*
Starke Verben bilden den Konjunktiv Präteritum, indem sie nach dem Präteritumstamm den Buchstaben **-e-** einfügen und – falls möglich – ihren **Stammvokal umlauten,** z. B.

Indikativ Präteritum	**Konjunktiv Präteritum**
ich sah	*ich **sähe***
du sprachst	*du spr**ä**ch**e**st*
er/sie/es fuhr	*er/sie/es **führe***

Bei **schwachen Verben** ist der Konjunktiv Präteritum identisch mit dem Indikativ Präteritum. In solchen Fällen umschreibt man ihn mit *würde,* damit man die Verbform deutlich als Konjunktiv erkennt, z. B. statt: *Wenn er mich* ***hörte*** *...* → *Wenn er mich* ***hören würde*** *...*

- Der dritte Modus ist der **Imperativ/die Befehlsform,** z. B. *schreib!/schreibt! – gib!/gebt!*

- Neben diesen Ausdrucksmöglichkeiten verfügt das Verb noch über eine Besonderheit. Es kann mit dem **Partizip** eine Wortform bilden, die als **Mittelwort** zwischen Verb und Adjektiv steht:

Von der Herkunft her handelt es sich um ein **Verb,** und es wird bei den zusammengesetzten Tempora (Perfekt, Plusquamperfekt und Futur II) auch als solches eingesetzt, z. B. *ich habe **verstanden,** du bist **gelaufen.***
Zusätzlich kann es jedoch auch die **Funktion eines Adjektivs** übernehmen (vgl. hierzu Seite 106 und 100 f.), z. B. *das **fließende** Wasser, der **gefallene** Schnee.*
Die Beispiele zeigen die beiden Formen, die ein Partizip annehmen kann:

- **Partizip Präsens/Verlaufsform** (mit der Endung **-d**), z. B. *das schwebende Blatt, die blühende Blume*
- **Partizip Perfekt/Vollzugsform** (falls möglich, mit der Vorsilbe **ge-**), z. B. *der gepflanzte Baum, die gereifte Frucht*

Deklination von Substantiv, Adjektiv, Artikel, Numerale und Pronomen
Für die deklinierbaren Wörter stehen **vier Fälle/Kasus** (im **Singular** und im **Plural**) bereit:

- 1. Fall **(Nominativ)** – Frage: wer oder was?
- 2. Fall **(Genitiv)** – Frage: wessen?
- 3. Fall **(Dativ)** – Frage: wem?
- 4. Fall **(Akkusativ)** – Frage; wen oder was?

Beim Deklinieren wird an den Wortstamm eine **Endung** gehängt; **manchmal** wird auch der Stammvokal **umgelautet,** z. B. *der Satz → die Sätze, der Ton → die Töne*
Es sind drei Deklinationsarten zu unterscheiden:

- Für Substantive der **starken Deklination** gilt:

Der **Genitiv Singular** endet auf **-(e)s**, wenn das Substantiv **maskulin** oder **Neutrum** ist, z. B. *des Tag**es**, des Jahr**es**.*
Nur der **Dativ-Plural** endet auf **-en**, z. B. *den Tag**en**, den Jahr**en**.*

Feminine Substantive sind im **Singular endungslos,** z. B. Genitiv: *der Hand, der Tochter*

○ Für Substantive der **schwachen Deklination** gilt:
Alle **Pluralformen** enden mit **-en,** z. B. *die Menschen, die Boten.*
Maskuline Substantive sind im **Nominativ Singular endungslos,** z. B. *der Mensch, der Bote,* die anderen Singularformen sind identisch mit dem Plural.
Feminine Substantive sind im **Singular endungslos,** z. B. *die Frau, die Freude.*

- Die **gemischte Deklination** wird im **Singular stark** und im **Plural schwach** dekliniert, z. B. Genitiv Singular: *des Auges,* Nominativ Plural: *die Augen.*

Aufgabe 47:
Bestimmen Sie die Tempora folgender Verbformen:

Ich werde wandern. ....

Du bist angekommen. ....

Er/sie/es segelt. ....

Wir werden zurückgekehrt sein. ....

Ihr hattet angehalten. ....

Sie reisten ab. ....

6.1.2 Satzbau – wie aus Wörtern ein Satz wird

Satzglieder – Arbeitsteilung nach Plan

Außer sich formal anzupassen muss ein Wort auch eine bestimmte Funktion übernehmen, damit mit einem **Satz** ein **Sinnzusammenhang** entsteht.

Der einfache Satz besteht aus zwei Satzgliedern, dem Subjekt und dem Prädikat.

Regel 100 Jeder Satz muss ein **Subjekt** enthalten, das als **Satzgegenstand** mitteilt, von wem oder von was die Rede ist, z. B.: ***Die Sonne*** *scheint.*

Das Subjekt ist der **Kopf** des Satzes, der **Träger der Aussage.**
Man findet das Subjekt, indem man fragt: Wer oder was? Mit dieser Frage wird auch deutlich, dass es immer im **Nominativ** steht.
Meist besteht das Subjekt aus einem **Substantiv,** z. B. ***Die Blätter*** *fallen.* Es kann aber auch ein **Pronomen** diese Aufgabe übernehmen, z. B. ***Sie*** *fallen.*

Regel 101 Jeder Satz muss ebenfalls ein **Prädikat** enthalten, das als **Satzaussage** Auskunft über das Subjekt gibt, z. B. *Der Wind* ***bläst.***

Das Prädikat ist die **Schaltstelle** jedes Satzes, um die sich alles dreht. Man findet das Prädikat mit der Frage: Was wird vom Subjekt ausgesagt?
Meist besteht das Prädikat aus einem **Vollverb,** z. B. *Die Rose* ***blüht.*** Es kann aber auch ein **Hilfsverb** (Prädikatskern) **mit einer Ergänzung** (Prädikatsnomen) diese Aufgabe übernehmen. Hierbei kann das Prädikatsnomen entweder ein **Substantiv** im Nominativ sein, z. B. *Die Rose ist* ***eine Blume.*** Es kann aber auch aus einem unflektierten **Adjektiv** bestehen, z. B. *Die Rose ist* ***schön.***

Subjekt und Prädikat müssen sich immer aufeinander einstellen, d. h., nur wenn Deklination und Konjugation übereinstimmen, ist die **Kongruenzforderung** erfüllt, z. B. *Der Baum wäch**st**. Die Bäum**e** wachs**en**.*

Im erweiterten Satz gibt es noch drei weitere Satzglieder: das Objekt, das Attribut und die adverbiale Bestimmung.

Regel 102 **Objekte** haben die Aufgabe, das **Prädikat zu ergänzen.** Hierbei entscheidet das Prädikat, in welchem Fall ein Objekt zu stehen hat **(Rektion),** z. B. *Die Bäume überschatten **den Weg*** (Akkusativ). *Sie trotzen **dem Wind*** (Dativ).

Es gibt vier Arten von Objekten:

- Das **Akkusativobjekt** gibt das **Ziel** einer Handlung an, z. B. *Die Zweige gewähren **Schutz.***
  Man findet das Akkusativobjekt mit der Frage: Wen oder was?
- Das **Dativobjekt** nennt die Person oder Sache, der sich die Handlung **zuwendet,** z. B. *Der Schatten nützt **den Spaziergängern.***
  Man findet das Dativobjekt mit der Frage: Wem?
- Das (seltene) **Genitivobjekt** nennt die Person oder Sache, die von der Handlung **mit betroffen** ist, z. B. *Die Hitze bedarf **der Abkühlung.***
  Man findet das Genitivobjekt mit der Frage: Wessen?
- Das **präpositionale Objekt** wird mithilfe einer Präposition, die eine besonders enge Beziehung zum Verb hat, mit dem Prädikat verbunden, z. B. *Der Regen sorgt **für Wachstum.***
  Man findet das präpositionale Objekt mit demjenigen Fragepronomen, in dem die jeweils vorkommende Präposition eingeschlossen ist, im Beispielsatz also mit der Frage: Wo**für?**

Regel 103 **Attribute** haben als **Beifügung** die Aufgabe, ein Substantiv näher zu **beschreiben,** z. B. ***Milde** Temperaturen kündigen die Ankunft **des Sommers** an.*

Man findet das Attribut mit der Frage: Was für ein? Es kann auf unterschiedliche Weise gebildet werden:
Das **adjektivische Attribut** besteht aus einem **Adjektiv,** z. B. *Die **trockne** Luft ist angenehm.*
Das **Genitivattribut** besteht aus seinem **Substantiv im Genitiv,** z. B. *Der Duft **der Blumen** ist betörend.*
Das **präpositionale Attribut** besteht aus einem **Substantiv mit Präposition,** z. B. *Die Tautropfen **auf dem Gras** glitzern.*
Die (meist) **nachgestellte Apposition** besteht aus einem **Substantiv,** das in demselben Fall stehen muss wie das Wort, das näher beschrieben wird, und das durch Kommas vom übrigen Satz abzutrennen ist, z. B. *Geranien, **die Dauerblüher,** sind beliebt.*

Regel 104 **Adverbiale Bestimmungen erläutern** das Prädikat, indem sie die näheren Umstände nennen, unter denen sich etwas ereignet, z. B. *Ich sehe **dort** einige Wolken.*

Die adverbiale Bestimmung hat also dieselbe Funktion wie ein Attribut: Sie erläutert etwas näher. Im Unterschied zum Attribut, das ein Substantiv näher erläutert, erläutert sie jedoch ein **Verb.** Besonders geeignet sind hierfür die **Adverbien,** z. B. *Wir wandern **gern.*** Es ist jedoch auch möglich, ein **Adjektiv** hierfür einzusetzen, das dann (vorübergehend, vgl. hierzu auch Seite 108) zu einem Adverb wird, z. B. *Wir laufen **schnell.*** Oft übernimmt auch ein **Substantiv mit Präposition** diese Aufgabe, z. B. *Wir fahren **mit dem Rad.***

Es gibt neun Arten von adverbialen Bestimmungen:
- **Lokale adverbiale Bestimmung** zur Angabe des **Ortes:** z. B. *Wir liegen **auf der Wiese.*** Man fragt: Wo? Woher? Wohin?
- **Temporale adverbiale Bestimmung** zur Angabe der **Zeit:** z. B. *Sehen wir uns **morgen?*** Man fragt: Wann? Wie lange? Bis wann? Seit wann?
- **Modale adverbiale Bestimmung** zur Angabe der **Art und Weise:** z. B. *Wir haben es **so** genossen.* Man fragt: Wie? Auf welche Art und Weise?

- **Kausale adverbiale Bestimmung** zur Angabe des **Grundes:** z. B. ***Wegen des Nebels*** *sind die Farben blass.* Man fragt: Warum? Aus welchem Grund?
- **Finale adverbiale Bestimmung** zur Angabe des **Zweckes:** z. B. ***Zur Entspannung*** *legen wir eine Pause ein.* Man fragt: Wozu? Zu welchem Zweck?
- **Konditionale adverbiale Bestimmung** zur Angabe der **Bedingung:** z. B. ***Bei gutem Wetter*** *bleiben wir bis zum Abend.* Man fragt: Unter welcher Bedingung?
- **Instrumentale adverbiale Bestimmung** zur Angabe des **Mittels:** ***Mit einem Kompass*** *bestimmen wir die Himmelsrichtung.* Man fragt: Womit? Wodurch?
- **Konsekutive adverbiale Bestimmung** zur Angabe der **Folge:** z. B. ***Zu unserer Freude*** *blieb es trocken.* Man fragt: Mit welcher Folge?
- **Konzessive adverbiale Bestimmung** zur Angabe von **Zugeständnissen:** z. B. ***Trotz glitschiger Steine*** *überquerten wir einen Bach.* Man fragt: Trotz welcher Voraussetzung?

Zum Abschluss hier noch einmal alle Satzglieder zusammen in einem Überblick:

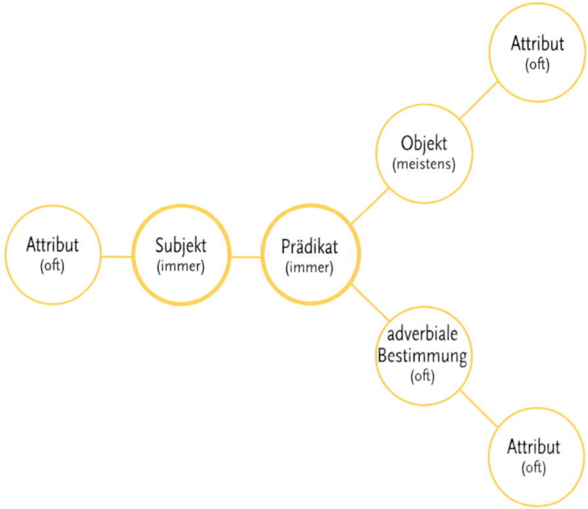

Wie die Grafik zeigt, liegen folgende **Strukturen** in einem Satz vor:

- **Subjekt** und **Prädikat** bedingen einander.
- **Objekte** beziehen sich als Ergänzungen immer auf das Prädikat.
- **Attribute** und **adverbiale Bestimmungen** sind immer dem Satzglied zugeordnet, das sie erläutern:
- **Attribute** gehören also zu einem **Substantiv,** das im Subjekt, im Objekt, in der adverbialen Bestimmung oder in einem anderen Attribut vorkommen kann; wenn das Prädikatsnomen ein Substantiv ist, kann ein Attribut auch ihm zugeordnet werden.
- **Adverbiale Bestimmungen** beziehen sich immer auf das **Verb** im Prädikat.

Aufgabe 48:
Kennzeichnen Sie die gesuchten Satzglieder.

Subjekt:	Der Garten ist wirklich sehr gepflegt.
Prädikat:	Der schöne Löwenzahn ist unbeliebt.
Objekt:	Der Gärtner mäht heute den Rasen.
Attribut:	Die Blätter am Baum sind hellgrün.
Adv. Bestimmung:	Der Sonnenschirm steht in der Ecke.

Gliedsätze – wenn man mehr zu sagen hat

Regel 105 Gliedsätze sind **geräumige Satzglieder** und haben **dieselbe Funktion** wie die entsprechenden Satzglieder. Sie müssen allerdings **Subjekt** und **Prädikat** aufweisen, damit sie als Wortkomposition dem Namen **Satz** gerecht werden.

Man kann alle Satzglieder (mit Ausnahme des Prädikats) zu einem Gliedsatz **entfalten.** So entstehen:

aus Subjekten	→	**Subjektsätze**
aus Objekten	→	**Objektsätze**
aus Attributen	→	**Attributsätze**
aus adv. Bestimmungen	→	**Adverbialsätze**

Auch die **Fragen sind dieselben:**

Nach Subjektsätzen fragt man:	Wer oder was?
Nach Objektsätzen fragt man:	Wessen? Wem? usw.
Nach Attributsätzen fragt man:	Was für ein?
Nach Adverbialsätzen fragt man:	Wo? Wann? Warum? usw.

Dieser Zusammenhang sei an einzelnen Beispielen nachvollziehbar gemacht:
Satz mit einem normalen **Subjekt** (Wer oder was?):
Interessierte *können sich durch die Medien kundig machen.*
Satzgefüge mit einem **Subjektsatz** (Wer oder was?):
Wer am Weltgeschehen interessiert ist, *kann sich durch die Medien kundig machen.*
(Bei einem Satzgefüge mit einem Subjektsatz liegt allerdings eine Besonderheit vor: Da das Subjekt zu einem Subjektsatz umgewandelt wurde, fehlt es (ausnahmsweise) im Hauptsatz. Dies wird oft dadurch ausgeglichen, dass man im Hauptsatz ein kleines Ersatzwort für das Subjekt einfügt, also: *Wer am Weltgeschehen interessiert ist,* ***der*** *kann sich durch die Medien kundig machen.*)

Satz mit einem **Objekt** (Wen oder was?):
Sie schauen sich täglich ***Nachrichtensendungen*** *an.*
Satzgefüge mit einem **Objektsatz** (Wen oder was?):
Sie schauen sich täglich an, ***was in den Nachrichtensendungen über die Welt berichtet wird.***
Bei Objektsätzen gibt es noch **zwei Sonderfälle:**
Zum einen kann man sie unter bestimmten Bedingungen – ohne Einleitung und mit veränderter Verbstellung – verkürzen, z. B. statt: *Ich höre,* ***dass*** *die Sendung heute etwas später beginnt.* → *Ich höre, heute* ***beginne*** *die Sendung etwas später.* (Im Gegensatz zu der sonst geforderten Verbstellung am Schluss steht das Prädikat hier an zweiter Stelle.)
Zum anderen kann man sie zu einer **Infinitivgruppe** verkürzen, z. B. *Sie hoffen,* ***dass*** *sie alles Wichtige erfahren werden.* → *Sie hoffen, alles Wichtige* ***zu erfahren.*** (Vgl. hierzu auch die Zeichensetzung, S. 172.)

Satz mit einem **Attribut** (Was für ein?):
Aktuelle *Informationen kann man jederzeit im Internet abrufen.*
Satzgefüge mit einem **Attributsatz** (Was für ein?):
Informationen, ***die aktuell sind,*** *kann man jederzeit im Internet abrufen.*
Attributsätze heißen auch Relativsätze. Der Ausdruck **Attributsatz** bezieht sich auf seine inhaltliche **Funktion** als erläuternde Beifügung; der Ausdruck **Relativsatz** bezieht sich auf seine formale Eigenschaft, dass er nämlich immer **Bezug** nimmt auf ein Wort, das er nun erläutert. Das einleitende Pronomen *der, die, das* nennt man Relativpronomen. (Dieser Ausdruck wurde bereits in einem anderen Zusammenhang erwähnt: Das Relativpronomen *das* wird immer nur mit einem einfachen **s** geschrieben, vgl. Seite 43).

Satz mit einer **adverbialen Bestimmung des Ortes** (Wo?):
Überall *berichten Korrespondenten über die Ereignisse in der Welt.*
Satzgefüge mit einem **Lokalsatz** (Wo?):
Soweit das Nachrichtennetz reicht, *berichten Korrespondenten über die Ereignisse in der Welt.*

Satz mit einer **adverbialen Bestimmung der Zeit** (Wann?):
Während eines wichtigen Ereignisses *sind immer Reporter zur Stelle.* (*Während* ist hier eine Präposition.)
Satzgefüge mit einem **Temporalsatz** (Wann?):
Während sich etwas Wichtiges auf der Welt ereignet, *sind immer Reporter zur Stelle.* (*Während* ist hier eine Konjunktion.)

Satz mit einer **adverbialen Bestimmung der Art und Weise** (Wie? Auf welche Art und Weise?):
Durch mehrere Informationsquellen *steigt der Grad der Objektivität einer Meldung.*
Satzgefüge mit einem **Modalsatz**: (Wie? Auf welche Art und Weise?:
Indem man Nachrichten aus unterschiedlichen Quellen bezieht, *steigt der Grad der Objektivität einer Meldung.*

Satz mit einer **adverbialen Bestimmung des Grundes** (Warum? Aus welchem Grunde?):
Wegen des weltweiten Bedarfs *sind Medienwissenschaften bei vielen beliebt.*
Satzgefüge mit einem **Kausalsatz** (Warum? Aus welchem Grunde?):
Weil Kenntnisse in dieser Branche weltweit gefragt sind, *sind Medienwissenschaften bei vielen beliebt.*

Satz mit einer **adverbialen Bestimmung des Zwecks** (Wozu? Zu welchem Zweck?):
Zum gemeinsamen Miterleben *werden oft große Leinwände öffentlich aufgestellt.*
Satzgefüge mit einem **Finalsatz** (Wozu? Zu welchem Zweck?):
Damit viele Menschen ein bedeutsames Ereignis gemeinsam miterleben können, *werden oft große Leinwände öffentlich aufgestellt.*

Satz mit einer **adverbialen Bestimmung der Bedingung** (Unter welcher Bedingung?):
Bei großem Interesse *kann so ein öffentlicher Fernsehabend ein großes Fest werden.*
Satzgefüge mit einem **Konditionalsatz** (Unter welcher Bedingung?):
Wenn viele interessierte Leute kommen, *kann so ein öffentlicher Fernsehabend ein großes Fest werden.*

Satz mit einer **adverbialen Bestimmung der Folge** (Mit welcher Folge?):
Zum Erstaunen der Verantwortlichen *geht es bei solchen Ereignissen meist recht friedlich zu.*
Satzgefüge mit einem **Konsekutivsatz** (Mit welcher Folge?):
Bei solchen Ereignissen geht es meist recht friedlich zu, ***sodass die Verantwortlichen erstaunt sind.***

Satz mit einer **adverbialen Bestimmung der Einräumung** (Trotz welcher Voraussetzung?):

Trotz intensiver Vorbereitungsarbeiten *werden solche Veranstaltungen von vielen Bürgern auf der ganzen Welt begrüßt.*
Satzgefüge mit **Konzessivsatz** (Trotz welcher Voraussetzung?):
Obwohl die Vorbereitung großen Arbeitseinsatz erfordert, *werden solche Veranstaltungen von vielen Bürgern auf der ganzen Welt begrüßt.*

Zum Abschluss auch hier noch einmal eine Übersicht über die Satzglieder mit den entsprechenden Gliedsätzen:

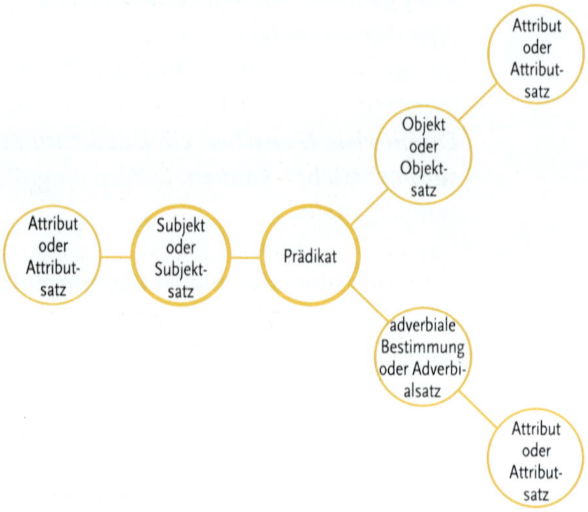

Aufgabe 49:
Bestimmen Sie die Art der Gliedsätze.

Die Nachrichten, die ich eben erfahren habe, haben mich sehr erschüttert.

Art des Gliedsatzes: ....
Obwohl man schon viele erschütternde Bilder gesehen hat, bleibt man selten unberührt.

Art des Gliedsatzes: ....

Wir hoffen, dass die Folgen des Unglücks bald gemindert werden können.

Art des Gliedsatzes: ....

6.2 Zeichensetzung – dem Verständnis zuliebe

6.2.1 Aufzählung, Satzreihe – für Wortgruppen auf Augenhöhe

Regel 106 Bei der Aufzählung **gleichrangiger Wörter** oder **Wortgruppen** steht ein Komma, z. B.

Florenz, Siena, San Gimignano sind beeindruckende Orte. (Aufzählung von Substantiven in ihrer Funktion als Subjekte)
Sie sind alt, interessant, besuchenswert. (Aufzählung von Adjektiven in ihrer Funktion als Prädikatsnomen)
Viele planen dorthin einen Tagesausflug, eine Studienreise, einen Urlaub. (Aufzählung von Substantiven in ihrer Funktion als Akkusativobjekte)
Alle Erlebnisse bleiben lange, tief, anregend in der Erinnerung. (Aufzählung von Adjektiven in ihrer Funktion als adverbiale Bestimmung)
Sie bereichern, erfreuen, begleiten uns nachhaltig. (Aufzählung von Verben in ihrer Funktion als Prädikate)

Achtung! Zwischen zwei **nicht gleichrangigen Adjektiven,** von denen das erste das zweite näher bestimmt, steht kein Komma, z. B. *Wir sehen die **ersten südlichen** Früchte. Die **letzten großen** Schatten liegen über den Hügeln.*

Regel 107 Werden die Glieder einer Aufzählung durch eine **nebenordnende Konjunktion** verbunden, so steht kein Komma. Nebenordnende Konjunktionen sind: *und, oder, beziehungsweise, sowie, wie, entweder ... oder, nicht ... noch, sowohl ... als auch, weder ... noch*, z. B.:

Sowohl mit dem Auto als auch mit dem Flugzeug kann man in die Toskana reisen. (Aufzählung von Substantiven in ihrer Funktion als adverbiale Bestimmung)
Dies gilt für Einzelreisende und für Gruppen. (Aufzählung von Substantiven in ihrer Funktion als präpositionale Objekte)
Man kann in der Toskana Bekanntes sowie Unbekanntes entdecken. (Aufzählung von Substantiven/substantivierten Adjektiven in ihrer Funktion als Akkusativobjekte)
Museen beziehungsweise Kirchen sind täglich geöffnet. (Aufzählung von Substantiven in ihrer Funktion als Subjekte)
Man kann die Sehenswürdigkeiten entweder allein studieren oder sich den Erklärungen eines Stadtführers anvertrauen. (Aufzählung von Verben in ihrer Funktion als Prädikate)

Regel 108 Steht zwischen den Gliedern einer Aufzählung eine **entgegenstellende Konjunktion,** so werden sie durch ein Komma getrennt. Entgegenstellende Konjunktionen sind: *aber, sondern, jedoch,* z. B.:

Die Vorbereitung für eine solche Reise ist umfangreich, aber lohnend. (Aufzählung von Adjektiven in ihrer Funktion als Prädikatsnomen)
Aber nicht mit dem Kopf, sondern mit den Augen und Ohren erfährt man etwas vom Ambiente des Südens.
(Aufzählung von Substantiven in ihrer Funktion als adverbiale Bestimmung)
Viele Besucher mögen die großen Kunstwerke der Renaissance, jedoch auch die schönen Strände der Adria.
(Aufzählung von Substantiven in ihrer Funktion als Objekte)
In manchen Orten des Landes bewegt man sich nicht nur in der Gegenwart, sondern auch in der Vergangenheit. (Aufzählung von Substantiven als adverbiale Bestimmung)
Italien ist manchmal ein vertrautes, aber zugleich auch unbekanntes Land. (Aufzählung von Adjektiven in ihrer Funktion als Attribut)

Satzreihe:
Unter einer Satzreihe versteht man die **Aneinanderreihung/Aufzählung von Hauptsätzen** (vgl. hierzu Seite 154).
Ihre Nebenordnung nennt man auch **Parataxe.**
Ein gesondertes Kapitel hierzu bräuchte es eigentlich nicht zu geben, da **Satzreihen letztlich auch nur Wortgruppen**

sind, allerdings Wortgruppen, die als **Satz** jeweils **Subjekt** und **Prädikat** enthalten müssen (vgl. Seite 154).
Da Satzreihen jedoch in der Regel erheblich umfangreicher und damit weniger überschaubar sind, seien die Regeln auch an ihnen durchgespielt.

Regel 109 In Satzreihen werden die Hauptsätze (mindestens) durch ein **Komma** voneinander getrennt, z. B.:

Kunstwerke haben ihren eigenen Charakter, sie haben auch ihre eigene Geschichte.
Manchmal ist Kunst besser als Natur, manchmal ist Natur besser als Kunst.
In vielen Kunstwerken nimmt die Zeit Gestalt an, sie wird zum Leben erweckt.
Die Romanik ist der Erde zugewandt, die Gotik strebt himmelwärts.
In der Renaissance hat alles sein Maß, im Barock wird manches maßlos.

Regel 110 Werden die Hauptsätze einer Satzreihe durch eine **nebenordnende Konjunktion** verbunden, so steht kein Komma. Nebenordnende Konjunktionen sind: *und, oder, beziehungsweise, sowie, wie, entweder ... oder, nicht ... noch, sowohl ... als auch, weder ... noch*, z. B.:

Bauten aus alten Zeiten wirken oft herrschaftlich beziehungsweise sie strahlen Würde aus.
Weder gehören sie ganz einer anderen Welt an noch gehören sie ganz in unsere Gegenwart.
Man kann an ihnen vorübergehen oder man kann innehalten.
Sie erzählen oft schweigend aus einer anderen Zeit und wir können ihnen zuhören.
Viele alte Kirchen und Rathäuser sind weltberühmt und zahlreiche Besucher lassen sich in ihren Bann ziehen.

Achtung! Um eine Satzreihe **verständlicher** zu machen, darf man jedoch **zusätzlich zur Konjunktion** ein Komma setzen, z. B. *Wir reisen mit unseren Freunden(,) und unseren Kindern schicken wir ein Video.*

Regel 111 Steht zwischen den Hauptsätzen einer Satzreihe eine **entgegenstellende Konjunktion,** so werden sie durch ein

Komma getrennt. Entgegenstellende Konjunktionen sind: *aber, sondern, jedoch*, z. B.:

Viele große Künstler haben nicht nur in der Toskana gearbeitet, sondern sie waren auch in Rom und Venedig tätig.
Die meisten von ihnen waren sehr angesehen, aber ihre Arbeit war oft sehr mühsam.
Die Deckengemälde vieler Räume beeindrucken uns heute immer noch, aber wir denken dabei nicht an die Strapazen bei ihrer Entstehung.
Die Künstler standen dabei nicht gemütlich an einer Staffelei, sondern sie lagen ausgestreckt unter der Decke.
Die Anfertigung der Fresken war oft körperlich anstrengend, jedoch das Ergebnis belohnte meist den hohen Einsatz.

Achtung! Oft passt in einer Satzreihe, zwischen deren Teilsätzen eine entgegenstellende Konjunktion steht (besonders die Konjunktionen *aber* und *jedoch*), auch ein **Semikolon:** Es trennt die Sätze **schwächer als ein Punkt** und **stärker als ein Komma,** z. B.:

Die meisten von ihnen waren sehr angesehen; aber ihre Arbeit war oft sehr mühsam.
Die Deckengemälde vieler Räume beeindrucken uns heute immer noch; aber wir denken dabei nicht an die Strapazen bei ihrer Entstehung.
Die Anfertigung der Fresken war oft körperlich anstrengend; jedoch das Ergebnis belohnte meist den hohen Einsatz.

Aufgabe 50:
Setzen Sie die fehlenden Satzzeichen ein.

In Italien kann man sich gut entspannen und auch viel Interessantes kennenlernen.
In Italien kann man sich gut entspannen und man kann auch viel Interessantes kennenlernen.
Man kann große Kunst bestaunen man kann sich aber auch von dem Ambiente einfangen lassen.
Viele Besucher mögen den Reiz dieses Landes oder sie mögen die Mentalität der Menschen.

Die Heiterkeit des südlichen Himmels färbt schnell auf die Stimmung ab und lässt alles in einem angenehmen Licht erscheinen.

6.2.2 Satzgefüge – Abhängigkeit darf man sehen

Unter einem **Satzgefüge** versteht man die Unterordnung eines Gliedsatzes unter einen Hauptsatz. Eine solche Struktur nennt man auch **Hypotaxe.** Gliedsätze sind also Sätze, die von einem übergeordneten Satz abhängen. Wegen ihrer Unselbstständigkeit nennt man sie auch **Nebensätze.** Im Gliedsatz muss das **Prädikat immer am Ende** stehen.

Besonders häufig sind **Attributsätze**, die ein Substantiv näher erläutern, und **Adverbialsätze**, die das Verb im Prädikat näher erläutern (vgl. hierzu Seite 158 ff.).
Diese kann man äußerlich an ihren Einleitungswörtern erkennen:

- **Relativpronomen,** die Attributsätze/Relativsätze einleiten, sind: *der, die das.*
- **Konjunktionen,** die Adverbialsätze einleiten, sind z. B.:

weil, da	für Kausalsätze
damit	für Finalsätze
obwohl	für Konzessivsätze
sodass/so dass	für Konsekutivsätze
wenn, falls	für Konditionalsätze
als, seit, nachdem	für Temporalsätze
indem	für Modalsätze
wo	für Lokalsätze

Achtung! Einige dieser Konjunktionen können auch einer **anderen Wortart** angehören, z. B. *seit* und *bis* können auch Präpositionen sein, *wo* kann auch ein Fragepronomen sein.

Regel 112 Hauptsatz und Gliedsatz werden immer durch ein Komma getrennt.

- Alle folgenden Satzgefüge enthalten einen **Attributsatz/ Relativsatz:**

Großstädte sind Städte, die besonders viele Einwohner haben. (Hauptsatz mit Attributsatz, der das Prädikatsnomen näher erläutert)
In allen Städten gibt es zahlreiche Plätze, an denen sich die Verkehrswege kreuzen. (Hauptsatz mit Attributsatz, der das Akkusativobjekt näher erläutert)
Auf den Plätzen stehen meist auch Bänke für Menschen, die ein wenig ausruhen wollen. (Hauptsatz mit Attributsatz, der das präpositionale Attribut näher erläutert)
Auch Bäume und Gartenanlagen, die in der Stadt verteilt sind, laden zum Verweilen ein. (Hauptsatz mit Attributsatz, der das Subjekt näher erläutert)
Mit einem unterirdischen Verkehrssystem, das die Ausstrahlung einer Stadt nicht beeinträchtigt, sind die Menschen sehr mobil. (Hauptsatz mit Attributsatz, der die adverbiale Bestimmung näher erläutert)

- Alle folgenden Satzgefüge enthalten einen **Adverbialsatz:**

Wenn man auf dem Eiffelturm steht, liegt einem Paris malerisch zu Füßen. (Konditionalsatz, der die Bedingung des Prädikats im Hauptsatz nennt, mit Hauptsatz)
Wo es schön ist, darf man ruhig länger verweilen. (Lokalsatz, der den Ort nennt, von dem das Prädikat handelt, mit Hauptsatz)
Der Kölner Karneval ist sehr beliebt, weil er rheinländisch-originell ist. (Hauptsatz mit Kausalsatz, der den Grund für dessen Prädikat mitteilt)
Bevor man von Deutschland aus nach London reist, muss man seine Uhr umstellen. (Temporalsatz, der die Zeit näher bestimmt, von der im Prädikat des nachfolgenden Hauptsatzes die Rede ist)
Die wieder aufgebaute Frauenkirche in Dresden ist so berühmt, dass man sie auch im Ausland kennt. (Hauptsatz mit Konsekutivsatz, der die Folgen des Prädikats nennt)

- Alle folgenden Satzgefüge enthalten einen **Subjektsatz**. (Im Hauptsatz fehlen dann die Subjekte; diese können jedoch durch ein vorbereitendes oder rückweisendes Wörtchen angedeutet werden.)

Wer in einer Metropole leben möchte, (der) hat in Europa manche Auswahl. (Subjektsatz vor Hauptsatz)

Vielseitig ist (es), was man in einer Weltstadt erleben kann. (Hauptsatz vor Subjektsatz)
Was eine Weltstadt ausmacht, (das) lässt nicht so einfach auf den Punkt bringen. (Subjektsatz vor Hauptsatz)
Was man in einer Weltstadt erleben kann, (das) hat immer zwei Seiten. (Subjektsatz vor Hauptsatz)
Wer Anonymität sucht, (der) wird sich in einer Kleinstadt nicht so wohl fühlen. (Subjektsatz vor Hauptsatz)

- Alle folgenden Satzgefüge enthalten einen **Objektsatz:**

Viele Kommunalpolitiker versprechen, dass alle Bürger im Einzugsbereich ihrer Stadt Arbeit finden. (Gliedsatz als Akkusativobjekt: Wen oder was?)
Was sie sagen, (dem) möchte man meist gern zustimmen. (Gliedsatz als Dativobjekt: Wem?)
Dass alles realisierbar sein muss, (daran) scheitern sie oft. (Gliedsatz als präpositionales Objekt: Woran?)
Was vor einer Wahl gesagt wurde, (dessen) erinnert man sich später nur noch selten. (Gliedsatz als Genitivobjekt: Wessen?)
Die meisten Bürger wünschen, dass ein Wohnort attraktiv ist. (Gliedsatz als Akkusativobjekt: Wen oder was?)

Regel 113 Ist ein **Gliedsatz** in einen Hauptsatz **eingefügt,** so stehen zwei Kommas.

Menschen, die auf dem Lande wohnen, mögen meist das natürlichere Leben. (Hauptsatz mit eingefügtem Attributsatz)
Sie wissen, dass mancher Einkauf umständlich wird, und nehmen diesen Nachteil in Kauf. (Hauptsatz mit eingefügtem Objektsatz)
Viele würden, wenn sie frei entscheiden könnten, immer wieder auf das Land ziehen. (Hauptsatz mit eingefügtem Konditionalsatz)
Oft knüpfen sie, weil sie sich gesellschaftlich öffnen, freundliche Kontakte mit ihren Nachbarn. (Hauptsatz mit eingefügtem Kausalsatz)
Lange Fahrten, um Schule und Arbeitsplatz zu erreichen, können allerdings das Alltagsleben auf dem Lande sehr beeinträchtigen. (Hauptsatz mit eingefügtem Finalsatz)

Achtung! Gliedsätze können auch **von einem anderen Gliedsatz abhängen;** sie werden dann vom übergeordneten Satz durch Komma abgetrennt, z. B.:

Weil es früher keine Kühlschränke gab, die die Haltbarkeit der Lebensmittel verlängerten, haben die Menschen oft Löcher in die Erde gegraben. (Das Satzgefüge beginnt mit einem Kausalsatz, der vom Hauptsatz abhängt. Von diesem Kausalsatz [Gliedsatz erster Ordnung] hängt ein Attributsatz ab [Gliedsatz zweiter Ordnung].)

In ihnen lagerten sie die Vorräte, die eine bestimmte Temperatur brauchten, damit sie länger hielten. (Das Satzgefüge beginnt mit einem Hauptsatz, von dem ein Attributsatz abhängt [Gliedsatz erster Ordnung], von dem wiederum ein Finalsatz abhängt [Gliedsatz zweiter Ordnung].)

Oft wurden diese Löcher zu unterirdischen Kellern ausgebaut, indem man sie durch Gänge verband, sodass ein Labyrinth von Räumen entstand. (Das Satzgefüge beginnt mit einem Hauptsatz, von dem ein Modalsatz abhängt [Gliedsatz erster Ordnung], von dem wiederum ein Konsekutivsatz abhängt [Gliedsatz zweiter Ordnung].)

Weil die Räume geheim waren, wurden sie später auch als Verstecke genutzt, die in Notzeiten zur Verfügung standen, wenn Bedarf war. (Das Satzgefüge beginnt mit einem Kausalsatz [Gliedsatz erster Ordnung], der vom folgenden Hauptsatz abhängt. Ihm folgt ein Attributsatz [Gliedsatz erster Ordnung], der wieder vom Hauptsatz abhängt; von diesem hängt ein Konditionalsatz ab [Gliedsatz zweiter Ordnung].)

Vielleicht findet man eines Tages in vergessenen Gängen noch Dinge, die von Bedeutung für die Wissenschaft sind, die immer Interesse an originalen Gegenständen hat. (Das Satzgefüge beginnt mit einem Hauptsatz, von dem ein Attributsatz abhängt [Gliedsatz erster Ordnung]; von diesem hängt ein weiterer Attributsatz ab [Gliedsatz zweiter Ordnung].)

Achtung! Für **aneinandergereihte Gliedsätze** gelten dieselben Regeln wie für die Aufzählung (Regel 106 bis 108), da sie ja auch **gleichrangige Wortgruppen** sind, z. B. *Wenn Archäologen Objekte finden* ***und*** *wenn diese für sie von Inter-*

esse sind, sind sie hochmotiviert. (kein Komma wegen Regel 107) *Grabungen, die aufwändig sind,* ***aber*** *Erfolg versprechen, können sie nicht schrecken.* (Komma wegen Regel 108)

Aufgabe 51:
Notieren Sie die Regel, die das zweite Komma im folgenden Satz begründet: Regel .....

Gute Archäologen sind Leute, die viel Fachwissen haben, die viel Fingerspitzengefühl haben und die viel Geduld haben.

6.2.3 Infinitivgruppen und andere Fälle – allerlei nützliche Kommas

Unter einer **Infinitivgruppe** versteht man eine **Wortgruppe,** bei der ein Infinitiv, d. h. die Grundform des Verbs, mit anderen Wörtern zusammen eine **Sinneinheit** bildet.

Regel 114 Infinitivgruppen werden vom übrigen Satz durch Komma abgetrennt, wenn sie **eingeleitet** werden durch *außer, als, um zu, (an)statt, ohne*, z. B.:

Für viele Menschen gibt es nichts Schöneres, als mit Freunden essen zu gehen.
Sie bevorzugen die Kochkunst anderer, statt in der eigenen Küche aktiv zu werden.
Ohne lange zu überlegen, entscheiden sie sich für einen Restaurantbesuch.
Je nach Geschmack wählen sie deutsche oder ausländische Spezialitäten, um sich verwöhnen zu lassen.
Sie haben dann nichts anderes zu tun, außer den gemeinsamen Abend einfach nur zu genießen.

Regel 115 Infinitivgruppen werden vom übrigen Satz durch Komma abgetrennt, wenn sie **von einem Substantiv abhängen,** z. B.:

Unseren Plan, endlich einmal wieder ins Theater zu gehen, konnten wir gestern realisieren.
Die Entscheidung, uns frühzeitig um Karten zu bemühen, hat sich ausgezahlt.

Die Sorge, keine Karten mehr zu bekommen, war sehr berechtigt.
Es hatten nämlich noch andere die Idee, ins Theater zu gehen.
Viele hatten den Wunsch, an der Abendkasse noch Karten zu bekommen.

Regel 116 Infinitivgruppen werden vom übrigen Satz durch Komma abgetrennt, wenn sie **durch ein hinweisendes Wort angekündigt oder wieder aufgenommen** werden, z. B.:

Wir freuen uns darauf, morgen frei zu haben.
Es ist unser Wunsch, uns einfach nur zu entspannen.
Wir sind darum bemüht, ganz bewusst abzuschalten.
Es hat sich bewährt, den Schreibtisch aufzuräumen.
Wir denken nicht daran, ins Outlook zu schauen.

Ebenso auch:

Morgen frei zu haben, darauf freuen wir uns.
Uns einfach nur zu entspannen, das ist unser Wunsch.
Ganz bewusst abzuschalten, darum sind wir bemüht.
Den Schreibtisch aufzuräumen, das hat sich bewährt.
Ins Outlook zu schauen, daran denken wir nicht.

Achtung! In allen anderen Fällen darf man eine Infinitivgruppe (und auch einen einfachen Infinitiv mit *zu*) durch Komma abgrenzen, **um Missverständnisse zu vermeiden,** z. B.:

Wir raten(,) ihm gleich eine Eintrittskarte mitzubringen.
↔ Wir raten ihm(,) gleich eine Eintrittskarte mitzubringen.

Wir empfehlen(,) ihm zu folgen.
↔ Wir empfehlen ihm(,) zu folgen.

Sie versprach(,) ihm eine Mitteilung zu senden.
↔ Sie versprach ihm(,) eine Mitteilung zu senden.

Er dachte nicht(,) daran zu zweifeln.
↔ Er dachte nicht daran(,) zu zweifeln.

Den Versuch(,) zu vergessen(,) lehnten sie ab.
↔ Den Versuch zu vergessen(,) lehnten sie ab.

Regel 117 **Partizipgruppen** (vgl. hierzu Seite 152) werden vom übrigen Satz durch Komma getrennt, wenn sie **durch ein hinweisendes Wort angekündigt oder wieder aufgenommen** oder als Zusatz **nachgetragen** werden, z. B.:

Schon lange erwartet, so durften wir endlich durch das Fernrohr schauen. (Wiederaufnahme)
Auf diese Weise, durch das Instrument schauend, sahen wir vieles Bekannte neu. (Ankündigung)
Genau so, von Astronomen ausführlich erklärt, hatten wir es uns vorgestellt. (Ankündigung)
Endlich sahen wir die Venus als »Halbmond«, von der Sonne beleuchtet. (Nachtrag)
Wir sahen auch den Doppelstern am Großen Wagen, vom Fernrohr deutlich vergrößert. (Nachtrag)

Achtung! Man kann **Partizipgruppen** durch Komma vom übrigen Satz abtrennen, um die **Gliederung** des Satzes deutlicher zu machen, z. B. *Durch die nächtlichen Betrachtungen beeindruckt(,) werden wir in den nächsten Tagen wiederkommen.*

Regel 118 **Nachgestellte Zusätze** werden durch Komma vom übrigen Satz getrennt; sie werden **oft eingeleitet** durch Wörter wie *und zwar, nämlich, vor allem, zum Beispiel, insbesondere, das heißt*, z. B.:

Wir kommen nächste Woche wieder, und zwar Montag.
Es gibt viel zu sehen, vor allem zwei weitere Jupitermonde.
Der Nachthimmel ist faszinierend, und das auch für Laien.
Wir interessieren uns für Planeten, besonders für den Mars.
Viele Sterne sind unscheinbar, zum Beispiel der Polarstern.

- **Nachgestellte Appositionen,** die als substantivische **Attribute** im selben Fall stehen wie das Wort, das sie erläutern, werden durch Komma vom übrigen Satz abgetrennt (vgl. Seite 156 f.), z. B.:

Der Orion, das herrliche Sternbild, ist im Winter gut am Himmel zu erkennen.

Viele Menschen freuen sich über Sternschnuppen, die kleinen Propheten des Glücks.

Planeten, die hellen Nomaden des Himmels, ziehen unbeirrt ihre Bahn.

Die Plejaden, das kleine Siebengestirn, sind 400 Lichtjahre von der Erde entfernt.

Sonnenfinsternisse, zeitweilige Verschattungen der Erde, sind schon früh von den Menschen vorhergesagt worden.

- **Anreden und Ausrufe** sind durch Komma vom übrigen Satz abzutrennen; für das Wort *bitte* gilt dies nur bei besonderer Hervorhebung, z. B.:

Bitte kommen Sie doch heute mit.

Aber bitte, kommen Sie doch heute mit!

Verehrte Teilnehmer, ich möchte Sie bitten, jetzt einmal ganz still zu sein. (Anrede)

Liebe Sternenfreunde, lasst doch einfach alles auf euch wirken. (Anrede)

Oh, das ist wirklich grandios! (Ausruf)

- **Satzteile,** die aus dem übrigen Satzzusammenhang mit einem ankündigenden oder wieder aufnehmenden Wort **hervorgehoben** werden, grenzt man durch Komma ab, z. B.:
  Dieser Abend, er *wird unvergesslich sein.* **Du und ich, wir beide** *schwärmten noch lange davon.*

- **Mehrteilige Datums- und Zeitangaben** werden durch Komma voneinander getrennt. Werden solche Angaben als Aufzählung verstanden, kann das letzte Komma fehlen, z. B.:

Wir treffen uns Montag, den 3. Mai, bei uns.
oder:
Wir treffen uns Montag, den 3. Mai bei uns.

- **Mehrteilige Wohnungsangaben** werden durch Komma voneinander getrennt. Werden solche Angaben als Aufzählung verstanden, kann das letzte Komma fehlen, z. B.:

Sie kehren gern nach Herrenberg, Marktplatz 3, zurück.
oder:
Sie kehren gern nach Herrenberg, Marktplatz 3 zurück.

Aufgabe 52:
Geben Sie die Regeln an, die das jeweilige Komma erklären.

Herzlich verabschiedet, (Nr. ....) so machten wir uns auf den Heimweg. Unser Entschluss, (Nr. ....) bald wiederzukommen, (Nr. ....) stand fest. Einige Sterne, (Nr. ....) besonders der Sirius, (Nr. ....) leuchten sehr hell. Um den Sternenhimmel betrachten zu können, (Nr. ....) muss man ins weite Land oder an die Küste fahren. Wir sind aber darauf eingestellt, (Nr. ....) nicht immer freie Sicht zu haben.

6.2.4 Klammern und Gedankenstriche – von Fall zu Fall geeignet

Zum Abschluss sei noch auf einige Zeichen verwiesen, die zwar nicht sehr oft vorkommen, von Fall zu Fall aber sehr zu empfehlen sind.

- **Runde Klammern** eignen sich, wenn man **Zusätze** und **Nachträge** deutlich vom Text abgrenzen möchte, z. B.:

Der neue Mitarbeiter (parteilos) informiert sich über die Arbeit im Betriebsrat.
Sein Kollege (langjähriges Mitglied des Betriebsrats) schildert ihm den Stand der Verhandlungen.

Achtung! **Oft passen** an den entsprechenden Stellen auch **Kommas** (vgl. Seite 173), z. B.:

Der neue Mitarbeiter, parteilos, informiert sich über die Arbeit im Betriebsrat.
Sein Kollege, langjähriges Mitglied des Betriebsrats, schildert ihm den Stand der Verhandlungen

Gehört zum Inhalt der eingeschobenen Klammern ein **Ausrufezeichen** oder ein **Fragezeichen,** so steht es unmittelbar vor der zweiten Klammer, z. B.:

Ein Mitarbeiter (ein besonders netter!) zeigt ihm die neue Firma.
Ein Mitarbeiter (aus der benachbarten Abteilung?) zeigt ihm die neue Firma.

Steht in einer Klammer **ein vollständiger Satz,** der **nicht** in einen anderen **eingeschoben** ist, endet er mit einem **Punkt** innerhalb der Klammer, z. B.:

Ein Mitarbeiter zeigt ihm die neue Firma. (Er hatte ihn gestern schon kennengelernt.)

Wird innerhalb von runden Klammern eine weitere Erläuterung gegeben, so wird sie **in eckige Klammern** eingeschlossen, z. B.:

Seit einigen Jahren unterstützen sie gemeinnützige Institutionen (bes. die DLRG [Deutsche Lebens-Rettungs-Gesellschaft]).
Vgl. hierzu auch Seite 170 f. dieses Buches.

- Wo man in der gesprochenen Sprache eine deutliche **Pause** macht, passt oft ein **einfacher Gedankenstrich;** dies betrifft besonders Sätze, in denen etwas Unerwartetes mitgeteilt wird, z. B.:

Dies war wahrlich Detektivarbeit – ein kleiner Krimi.

Oft passt anstelle eines einfachen Gedankenstrichs auch ein **Doppelpunkt** oder ein **Komma,** z. B.:

Dies war wahrlich Detektivarbeit: ein kleiner Krimi.
Dies war wahrlich Detektivarbeit, ein kleiner Krimi.

- Mit einem **doppelten/paarigen Gedankenstrich** kann man (wie mit zwei runden Klammern, s. o.) **Zusätze** und **Nachträge** deutlich vom Text abtrennen, z. B.:

Sein Kollege – langjähriges Mitglied des Betriebsrats – schildert ihm den Stand der Verhandlungen.

Achtung! Gehört zum eingeschobenen Zusatz oder Nachtrag ein **Ausrufezeichen** oder ein **Fragezeichen,** so steht dieses unmittelbar vor dem zweiten Gedankenstrich. Ein abschließender **Punkt** wird dagegen fortgelassen, z. B.:

Ein Mitarbeiter – ein besonders netter! – zeigt ihm die neue Firma.
Ein Mitarbeiter – aus der benachbarten Abteilung? – zeigt ihm die neue Firma.
Ein Mitarbeiter – er hatte ihn gestern schon kennengelernt – zeigt ihm die neue Firma.

Übrigens: Dass **Sätze,** die in Gedankenstrichen oder in Klammern eingeschoben sind, mit **kleinem Anfangsbuchstaben** beginnen, ist bereits seit den Informationen über die Groß- und Kleinschreibung bekannt, vgl. Regel 45.

Aufgabe 53:
Prüfen Sie jeweils den Punkt innerhalb der Klammern und der Gedankenstriche und streichen Sie ihn gegebenenfalls.

Ein Mitarbeiter (er hatte ihn gestern schon kennengelernt.) zeigt ihm die Firma.
Ein Mitarbeiter – er hatte ihn gestern schon kennengelernt. – zeigt ihm die Firma.

So müssten die Antworten lauten

Aufgabe 1 (Schärfung des Ohres), Seite 12:
Die Stammvokale folgender Wörter sind lang:

W**a**l – W**e**g – R**ah**men – R**o**se – St**ie**l – M**o**le

Aufgabe 2 (Rückführung auf die Grundform), Seite 14:
Die ergänzten Grundformen lauten:

Infinitiv:	so**nn**en	(Du sonnst dich.)
Infinitiv:	pa**ss**en	(Es passte mir.)
Infinitiv:	ri**nn**en	(Das Wasser rinnt.)
Nom. Sg.:	der **A**pfel	(Äpfel)
Nom. Sg.:	der D**a**mm	(Dämme)
Nom. Sg.:	der G**a**st	(Gäste)

Aufgabe 3 (Herleitung vom Stammwort), Seite 16:
Bei folgenden Stammwörtern kann man »abgucken«:

Bün**d**nis	(Stammwort: bin**d**en)
Behäl**t**nis	(Stammwort: hal**t**en)
nachwei**s**lich	(Stammwort: wei**s**en)
rei**ß**fest	(Stammwort: rei**ß**en)
Fla**gg**schiff	(Stammwort: Fla**gg**e)
Lo**ck**ruf	(Stammwort: lo**ck**en)

Aufgabe 4 (Zerlegung in die Bauteile), Seite 19:
So sind die Buchstaben zu ergänzen:

Die **F**ertigung sorgte für die **V**ertiefung der Löcher.
Die Zusammenarbeit mit dem **V**orderen Orient **f**ordert viel Sachkenntnis.
Die **u**ralte Stand**uh**r tickt immer noch.

Aufgabe 5 (Verlängerung des Wortes), Seite 21:
So könnte man die Wörter verlängern:

der Kor**b**	–	die Kör**b**e
schla**pp**	–	die schla**pp**en ...
das Kin**d**	–	die Kin**d**er
das Blu**t**	–	des Blu**t**es

der Zwer**g** – die Zwer**ge**
die Ban**k** – die Bän**ke**

Aufgabe 6 (einfacher Konsonant), Seite 24:
Bei allen Wörtern gehören die »weiteren andersartigen« Konsonanten nicht zum eigentlichen Wort, nicht zum Wortstamm, sondern zur Endung:

Schaff-**ner** Mäpp-**chen** (es) klirr-**t**
Es kann also das Stammwortprinzip in Kraft bleiben, sodass alle Wörter ihren Doppelkonsonanten behalten.

Aufgabe 7 (doppelter Konsonant), Seite 26:
Die Anwendung der Regeln führt zu folgendem Ergebnis:

Bald ist E**bb**e. (Regel 4: Doppelkonsonant zwischen zwei Vokalen nach kurzem betontem Vokal)
Der Strand ist e**b**en. (Regel 1: Einfacher Konsonant nach langem Vokal)

Laut ge**ll**ten die Pfiffe. (Regel 6: Orientierung am Infinitiv, der bereits einen Doppelkonsonanten enthält: *gellen*)
Gesetze ge**l**ten für jeden. (Regel 3: Konsonantenhäufung)

Ich dü**n**ste Gemüse. (Regel 6: Konsonantenhäufung)
Dies ist die dü**nn**ste Scheibe. (Orientierung am Stammwort, das bereits einen Doppelkonsonanten enthält: *dünn*)

Aufgabe 8 (dreifacher Konsonant), Seite 28:
Folgende Zuordnung wird empfohlen:

Schreibung in einem Wort (Substantive):
Stre**sss**ituation, Flu**sss**and, Me**sss**tab, Schro**ttt**ransport, Schwi**mmm**eisterschaft

Schreibung mit Bindestrich (Substantive):
Fußba**ll-L**änderspiel

Schreibung in einem Wort (Adjektiv und Verb):
sti**lll**egen, vo**lll**eibig, schu**sss**chwach

Aufgabe 9 (Fremdwörter: Anzahl der Konsonanten), Seite 30:
Folgende falsch geschriebenen Wörter dürfen nur einen einfachen Konsonanten aufweisen:

apart – Alarm – Galerie – Halunke – Kamerad – Karikatur – Komödie – Literatur – Palast – Sprit

Aufgabe 10 (s oder ss oder ß?), Seite 35:
Die Verlängerung der Wörter ergibt s-Laute:

Eis	(des) Eises	Preis	(die) Preise
Fleiß	(des) Fleißes	Gleis	(die) Gleise
Kreis	(des) Kreises	Steiß	(des) Steißes
Greis	(des) Greises	weiß	(die) weißen ...
Glas	(die) Gläser	Gas	(die) Gase
Fraß	(des) Fraßes		
Kloß	(des) Kloßes	Floß	(des) Floßes
bloß	(die) bloßen ...		

Aufgabe 11 (k oder ck? z oder tz?), Seite 37:
Wörter mit **ck nach betontem kurzem Vokal:**
keck, Mücke, Deckel, Macke, ticken, lecker
Wörter mit **k nach Konsonant:**
Werk, Kalk, trinken, tanken, Marke, welk

Wörter mit **k nach langem Vokal und nach Diphthong**:
Luke, häkeln, Gaukelei, staksen, Makel, heikel

Fremdwörter mit **k:**
Fraktur, Sukzession, Lektor, Makrone, Schokolade, Fakultät

Wörter **mit tz nach betontem kurzem Vokal:**
Katze, Blitz, Mütze, setzen, Tatze, Fetzen

Wörter mit **z nach Konsonant:**
Kranz, Walze, stürzen, Pflanze, Wurzel, kurz

Wörter mit **z nach langem Vokal oder nach Diphthong:**
Flöz, triezen, Schnauze, Kauz, Weizen, bauz!

Fremdwörter mit **z:**
Bilanz, Ignoranz, Substanz, Differenz, Marzipan, Spezialität

Aufgabe 12 (x oder cks/chs/gs? v oder f/w? p oder b?), Seite 40:
Das Buchstabenangebot führt zu folgenden Wörtern:

Wörter mit **x**:	E**x**istenz, Le**x**ikon, Lu**x**us
Wörter mit **chs**:	Gewä**chs**, La**chs**, We**chs**el
Wörter mit **gs**:	schlechterdin**gs**, flu**gs**, rittlin**gs**

Aufgabe 13 (Alternativen zu ph, t, th, gh, rrh, ch), Seite 42:
Folgende Wörter sind korrekt geschrieben:

gra**f**isch/gra**ph**isch, Mega**f**on/Mega**ph**on, A**th**let, E**th**ik, **F**otogra**f**, Stro**ph**e, Hypotro**ph**ie, sequen**z**iell/sequen**t**iell

Aufgabe 14 (das oder dass?), Seite 44:
Die ergänzten Sätze lauten so:

Wer hätte da**s** gedacht! (Wortart: Demonstrativpronomen)
Da**ss** es so kommt, konnte keiner ahnen. (Konjunktion, die hier einen Objektsatz einleitet)
Dies ist ein Ergebnis, da**s** jeden freut. (Relativpronomen)

Aufgabe 15 (Bindungs-t und Nachsilbe -lich/-ig), Seite 46:
An den Beispielen lässt sich folgende Tatsache ablesen:

Die Nachsilbe **-lich** bedeutet **regelmäßige Wiederholung:**
in vierstünd**lich**em Rhythmus, in viermonat**lich**em Turnus, mit vierteljähr**lich**er Abrechnung

Die Nachsilbe **-ig** bedeutet **Dauer:**
mit vierstünd**ig**er Verspätung, nach viermonat**ig**er Krankheit, nach vierteljähr**ig**em Aufenthalt.

Aufgabe 16 (seit oder seid? dt oder d oder t?), Seite 48:
Als korrekter Auslaut wäre zu ergänzen:

Lan**d:**	**Verlängerung:** (die) Län**d**er
Garan**t:**	**Verlängerung:** (die) Garan**t**en
Doktoran**d:**	**Verlängerung:** (des) Doktoran**d**en
bekann**t:**	**Verlängerung:** (die) bekann**t**en ...
gewan**dt:**	**Wegfall** eines **e** (zu *wenden*)

Aufgabe 17 (Endung -and/-end oder -ant/ent?), Seite 50:
Die gesuchten Fremdwörter sind:

Jemand, der erstmalig auftritt:	Debüt**ant**	**(aktiv)**
Ergebnis einer Division:	Quoti**ent**	**(aktiv)**
Testperson:	Prob**and**	**(passiv)**
Befehlshaber:	Kommand**ant**	**(aktiv)**
Katholischer Messdiener:	Ministr**ant**	**(aktiv)**

Aufgabe 18 (Anzahl der langen Vokale), Seite 53:
So sind die Sätze fehlerfrei:

Die B**oo**te liegen im Hafen. Dort kommt ein B**o**te.
Die R**e**de war interessant. Ein Schiff liegt auf R**ee**de.
Wir w**a**gen den Versuch. Die W**aa**gen sind justiert.

Aufgabe 19 (Dehnungs-h und Verbindungs-h), Seite 55:
Folgende Wörter wären als Wörter mit **Verbindungs-h** (zwischen zwei Vokalen, von denen der erste lang ist) zu unterstreichen:

bl**ähe**n, fl**ehe**n, verst**ehe**n, n**ähe**n, Tr**uhe**, Br**ühe**

Die übrigen Wörter enthalten ein **Dehnungs-h** (nach langem Vokal vor l, m, n oder r):

wäh**l**en, angeneh**m**, strah**l**en, bewah**r**en, boh**r**en, gewöh**n**en

Aufgabe 20 (Dehnungszeichen für das lange i), Seite 58:
Die Verbform *stiehlt* enthält zwar ein **Dehnungs-h,** dieses stammt aber bereits aus dem Infinitiv, wo es ein langes **e** (vor **l**) kennzeichnete: *stehlen.* Diese Schreibung blieb dann in der Konjugationsform erhalten.

Aufgabe 21 (Fremdwörter: langes e und langes i), Seite 60:
Bei dieser Aufgabe steht die Lösung auf den Seiten 58 und 60.

Aufgabe 22 (Umlaut), Seite 62:
Wie auf Seite 60 f. schon nebenbei erwähnt, werden bei Ableitungen die dunklen Vokale **a, o** und **u** innerhalb der Wortfamilie oft umgelautet zu **ä, ö** und **ü**. Bei den gegebenen Beispielen handelt es sich um solche abgeleiteten Wörter, deren Schreibweise sich (fast) immer nach ihrem jeweiligen **Stammwort** richtet, also:

Gel**ä**nde	←	L**a**nd
S**ä**mling	←	S**a**men
G**ä**rtner	←	G**a**rten
Str**ö**mung	←	Str**o**m
br**ü**ten	←	Br**u**t
G**ü**te	←	g**u**t

Aufgabe 23 (Diphthong äu oder eu? ei oder ai?), Seite 64:
Die ausgefüllten Lücken führen zu folgenden Wörtern:

Brotl**ai**b	L**ei**bschmerzen
Buchs**ei**te	Geigens**ai**te
Froschl**ai**ch	L**ei**chnam
R**ei**nheitsgrad	Ackerr**ai**n

Aufgabe 24 (vergleichende Übersicht), Seite 67:
Bei der Neuregelung der Rechtschreibung wurde das **Stammprinzip** berücksichtigt. Der Umlaut **ä** aller Wörter ergibt sich aus der Tatsache, dass ihr Stammwort jeweils mit **a** geschrieben wird:

aufw**ä**ndig	←	Aufw**a**nd	beh**ä**nde	←	H**a**nd
Gr**ä**uel	←	Gr**a**uen	schn**ä**uzen	←	Schn**a**uze
St**ä**ngel	←	St**a**nge	verbl**ä**uen	←	bl**a**u

Aufgabe 25 (Satzanfang und bes. Wortgruppen), Seite 69:
Für die korrekte Schreibung wäre **Regel 43** anzuwenden. Bei dem Paragrafenzeichen handelt es sich um ein Gliederungszeichen, nach dem großzuschreiben ist.

Aufgabe 26 (singuläre Substantivierung), Seite 74:
Die Substantivierung hatte sich nach folgenden Regeln zu richten:

mehr **W**ichtiges
(Regel 50: Substantivierung eines Adjektivs nach unbestimmter Mengenangabe)

trotz **B**emühens
(Regel 49: Substantivierung eines Verbs nach Präposition)

das **R**eden
(Regel 47: Substantivierung eines Verbs nach Artikel)

mein **H**offen
(Regel 48: Substantivierung eines Verbs nach Possessivpronomen)

heimliches **S**chmunzeln
(Regel 51: Substantivierung eines Verbs nach Adjektiv)

Aufgabe 27 (Großschreibung in Verbindungen), Seite 76:
Es handelt sich bei den Beispielen gar nicht um feste Verbindungen von Präposition und Adjektiv, sondern um die höchste Steigerungsstufe (**Superlativ**) von *schön, warm* und *gemütlich*. Regel 52 trifft für solche Fälle also gar nicht zu.

Aufgabe 28 (Kleinschreibung in Verbindungen), Seite 78:
So sind die Substantive korrekt geschrieben:

Er macht **P**leite (Substantiv).
Er ist **p**leite (Adjektiv wegen des Hilfsverbs *sein*).

Es ist **u**nrecht (Adjektiv wegen des Hilfsverbs *sein*).
Er tut **U**nrecht (Substantiv).

Das macht seinen **W**ert (Substantiv) aus.
Das ist es mir **w**ert (Adjektiv wegen des Hilfsverbs *sein*).

Sein **G**ram (Substantiv) belastet ihn sehr.
Er ist ihr **g**ram (Adjektiv wegen des Hilfsverbs *sein*).

Aufgabe 29 (Einzelfälle), Seite 83:
Alle Zeitangaben sind korrekt geschrieben.

Bei *zurzeit* muss man jedoch aufpassen:
Das **Adverb** (im Sinne von *jetzt*) wird geschrieben: *zurzeit*. (Draußen scheint *zurzeit* die Sonne.)
Die **Präposition** (im Sinne von *zu der Zeit*) wird dagegen geschrieben: *zur Zeit*.
(Die Winter *zur Zeit* Karls des Großen waren oft streng.)

Aufgabe 30 (Fremdwörter), Seite 85:
Ein Blick auf die gegebenen Beispiele zeigt die korrekte Schreibung der Wörter:

Facultas **D**ocendi	(vgl. Regel 56)
Slow **F**ood	(in Analogie zu *Fast Food*)
Show-**d**own	(in Analogie zu *Count-down*)
Fall-**o**ut	(Das Wort war richtig geschrieben.)

Aufgabe 31 (Zahlen), Seite 87:
So ist es richtig: in **n**ull Komma nichts (wegen Regel 62: Grundzahlen unter einer Million werden kleingeschrieben.)

100 412 schreibt man als Wort so:
(ein)hunderttausendvierhundert(und)zwölf

Aufgabe 32 (Zeitangaben), Seite 89:
So sind die Zeitangaben korrekt:

Wir treffen uns **m**ontags immer bei uns. (Kleinschreibung des normalen Adverbs der Zeit)

Wir kaufen noch ein für das Büfett von **m**orgen. (Kleinschreibung des Adverbs nach Präposition)

Morgen **A**bend steht es bereit. (Großschreibung der Tageszeit in Verbindung mit einem Adverb)

Aufgabe 33 (Namen, Titel, feste Begriffe), Seite 94:
So ist die korrekte Schreibweise:

der **i**ndische Tee	(normales Adjektiv)
der **I**ndische Ozean	(geografischer Name)
das **f**ranzösische Baguette	(normales Adjektiv)
die **F**ranzösische Revolution	(historisches Ereignis)
der **K**alte Krieg	(historische Epoche)
die **k**alte Jahreszeit	(normales Adjektiv)
das **g**eheime Abkommen	(normales Adjektiv)
der **G**eheime Rat	(Titel)
die **O**lympischen Spiele	(mehrteiliger Name)
der **o**lympische Eid	(normales Adjektiv)
der **E**iserne Vorhang	(bestimmte namensähnliche Fügung)
die **e**iserne Hochzeit	(normales Adjektiv)
ein **e**nglischer Garten	(normales Adjektiv)
der **E**nglische Garten in München	(mehrteiliger Name)

Aufgabe 34 (vergleichende Übersicht), Seite 99:
Für die Schreibweise der gegebenen Wörter sind folgende Regeln relevant:

im **S**tillen
Regel 52: Adjektive nach Präposition in festen Verbindungen werden jetzt meist großgeschrieben.

für **G**roß und **K**lein:
Regel 54: Nicht deklinierte Adjektive in Paarformeln werden großgeschrieben.

über **a**chtzig:
Regel 64: Grundzahlen unter einer Million werden kleingeschrieben.

sein **M**öglichstes:
Regel 48: Durch ein vorangehendes Pronomen wird ein Wort substantiviert.

alles **Ü**brige:
Regel 50: Durch eine vorangehende unbestimmte Mengenabgabe wird ein Wort substantiviert.

der **E**rste:
Regel 67: Substantivierte Ordnungszahlen werden großgeschrieben.

das **S**chlimmste:
Regel 47: (Fast) jedes Wort wird durch einen vorangehenden Artikel zu einem Substantiv.

heute **N**acht:
Regel 71: In der Verbindung von Zeitadverbien und Tageszeiten wie *gestern, heute* und *morgen* wird die Tageszeit jetzt großgeschrieben.

Schuld haben:
Regel 55: Substantive in festen Verbindungen mit Verben werden in der Regel groß- und getrennt geschrieben, wenn sie ihre Eigenständigkeit als Substantiv bewahrt haben.

Aufgabe 35 (Verbindung von Substantiv und Verb), Seite 104:
Die korrekten Sätze lauten:

Wir reisen heute noch **heim.**
(Infinitiv nur: *heimreisen*)
Ein verblasstes Substantiv wird in der Verbindung mit einem Verb meist auch kleingeschrieben, wenn es in der Satzkonstruktion vom Verb abgetrennt wird, vgl. Seite 103.
Wir erwarten sehr gewissenhafte **Aufsicht führende** Lehrer.
(Partizip zwar wahlweise: *Aufsicht führend* oder *aufsichtführend*)
Da aber die Verbindung **erweitert** ist durch *sehr gewissenhafte,* kann man die Schreibweise nicht mehr wählen.

Der **diensthabende** (oder **Dienst habende**) Arzt steht bereit.
(Infinitiv nur: *Dienst haben*)

Bei der normalen Verbindung von eigenständigem Substantiv und Verb, bei der das Substantiv groß- und getrennt geschrieben wird, kann man beim adjektivisch gebrauchten **Partizip** die Schreibweise wählen, vgl. Seite 100.

Aufgabe 36 (Verbindung zweier Verben), Seite 108:
Die richtige Schreibung ist:

Wir haben die Sache **schleifen lassen**.
Alternative: Wir haben die Sache **schleifenlassen**.
(Die Verb-Verb-Verbindung wird im übertragenen Sinn gebraucht und meint: *keine Beachtung schenken*, vgl. Regel 79.)

Hier hat sich bisher keiner **blicken lassen.**
Alternative: Hier hat sich bisher keiner **blickenlassen.**
(Auch diese Verb-Verb-Verbindung wird im übertragenen Sinn gebraucht und meint: *besuchen/anwesend sein,* vgl. Regel 79.)

Sie haben sich bald **schätzen gelernt.**
(Hier ist nur die Getrenntschreibung erlaubt, da die Verb-Verb-Verbindung **wörtlich** zu verstehen ist, vgl. Regel 78.)

Viel Gelerntes ist **hängen geblieben.**
Alternative: Viel Gelerntes ist **hängengeblieben.**
(Die Verb-Verb-Verbindung im übertragenen Sinn meint: *im Gedächtnis geblieben,* vgl. Regel 79.)

Schön, dass so viel **haften geblieben** ist.
Alternative: Schön, dass so viel **haftengeblieben** ist.
(Diese Verb-Verb-Verbindung im übertragenen Sinn meint dasselbe wie die vorige: *in Erinnerung bleiben*, vgl. Regel 79.)

Aufgabe 37 (Verbindung von Adjektiv und Verb), Seite 112:
So wären die Wendungen den Rubriken zuzuordnen:

Das einfache Adjektiv zeigt das **Resultat** der im Verb genannten Tätigkeit an bei:
flachklopfen, leeressen, saubermachen
(Bei allen drei Wörtern wäre auch Getrenntschreibung im Sinn der Regel 81 erlaubt: *flach klopfen, leer essen, sauber machen.*)

Die Verbindung von Adjektiv und Verb ergibt eine **neue Gesamtbedeutung** bei:
kaltlassen (= keine Gemütsbewegung spüren)
leichtfallen (= wenig Mühe bereiten)

gutschreiben (= als Betrag anrechnen)
Alle Wörter sind nur zusammenzuschreiben, vgl. Regel 82.

Aufgabe 38 (Verbindung von Adverb und Verb), Seite 115:
So lassen sich die Wörter (bei Einmalnutzung) zusammenfügen:

hinterhérblicken, fórtschreiten, gegenǘberstehen, auseinándersetzen, zusámmenraufen
Da der **Hauptakzent** jeweils auf dem **Adverb** liegt, werden sie im Sinne der Regel 83 zusammengeschrieben.

Aufgabe 39 (Verbindungen mit Adjektiv/Partizip), Seite 119:
Zum letzten Beispiel gibt es **keine Adjektiv-Verb-Verbindung**, nach der man sich richten kann: Das Wort *kariert* kommt von *Karo;* ein Verb *karieren* gibt es nicht. Hier liegt also nur eine Analogiebildung zu den übrigen vor.

Aufgabe 40 (Einzelfälle), Seite 124:
In folgenden Sätzen handelt es sich um die Verneinung eines **einzelnen Wortes**, das eine alternative Schreibweise zulässt:

Dies besteht aus *nicht rostendem/nichtrostendem* Stahl.
Es gibt noch nicht *erneuerbare/nichterneuerbare* Energien.
Es handelt sich um ein *nicht veröffentlichtes/nichtveröffentlichtes* Dokument.

Dagegen wird in folgenden Sätzen eine **Wortgruppe** verneint, was nur Getrenntschreibung zulässt:

Der alte Codex ist *nicht öffentlich* zu sehen.
Das Ergebnis ist noch *nicht amtlich* bestätigt.

Aufgabe 41 (Vergleichende Übersicht), Seite 129:
Es sei empfohlen, sich diese Fremdwörter einmal diktieren zu lassen.

Aufgabe 42 (Worttrennung), Seite 131:
Die Empfehlung könnte lauten:

Trennungen, die beim Lesen irritieren, sollten vermieden werden.

Aufgabe 43 (Abkürzungen), Seite 134:
Die gebräuchliche Abkürzung für Tausend ist: *Tsd.*

Aufgabe 44 (Bindestrich), Seite 138:
Die gebräuchlichen Abkürzungen sind:

Reg.-Rat	(für *Regierungsrat*)
Abt.-Leiterin	(für *Abteilungsleiterin*)
Rechng.-Nr.	(für *Rechnungsnummer*)

Aufgabe 45 (Apostroph und Co.), Seite 140:
Ohne Apostroph würde das Verb *rauscht* im **Präsens** stehen und beträfe dann nicht mehr die gleiche Zeit wie das zweite Verb *schwoll.*

Aufgabe 46 (Wortarten), Seite 148:
Bei allen Beispielwörtern passt jeweils das erste Wort nicht zur Gruppe:

Die Wörter *gern, so* und *nie* sind **Adverbien** und haben bei den Pronomen, Interjektionen und Konjunktionen nichts zu suchen.

Aufgabe 47 (Wortveränderung), Seite 153:
Die Verbformen sind in folgenden Tempora gebildet:

Ich werde wandern.	←	Futur I
Du bist angekommen.	←	Perfekt
Er/sie/es segelt.	←	Präsens
Wir werden zurückgekehrt sein.	←	Futur II
Ihr hattet angehalten.	←	Plusquamperfekt
Sie reisten ab.	←	Präteritum

Aufgabe 48 (Satzglieder), Seite 158:
Die gesuchten Satzglieder wären so zu kennzeichnen:

Subjekt: **Der Garten** ist wirklich sehr gepflegt.
Wer oder was ist sehr gepflegt? → der Garten

Prädikat: Der schöne Löwenzahn **ist unbeliebt.**
Was wird von dem Löwenzahn ausgesagt? → ist unbeliebt

Objekt: Der Gärtner mäht heute **den Rasen.**
Wen oder was mäht der Gärtner heute? → den Rasen (Akkusativobjekt)

Attribut: Die Blätter **am Baum** sind hellgrün.
Was für Blätter sind hellgrün? → (die Blätter) am Baum (präpositionales Attribut)

Adv. Best.: Der Sonnenschirm steht **in der Ecke.**
Wo steht der Sonnenschirm? → in der Ecke

Aufgabe 49 (Gliedsätze), Seite 162:
Es handelt sich um folgende Gliedsätze:
Die Nachrichten, **die ich eben erfahren habe,** haben mich sehr erschüttert.
(Der gekennzeichnete Satz ist ein **Attributsatz,** der mit dem Relativpronomen *die* eingeleitet wird. Man fragt nach ihm: Was für Nachrichten haben mich sehr erschüttert? → die ich eben erfahren habe.)
Obwohl man schon viele erschütternde Bilder gesehen hat, bleibt man selten unberührt.
(Der gekennzeichnete Satz ist ein **Adverbialsatz/Konzessivsatz.** Er wird mit der unterordnenden Konjunktion *obwohl* eingeleitet. Man fragt nach ihm: Trotz welcher Voraussetzung bleibt man selten unberührt? → obwohl man schon viele erschütternde Bilder gesehen hat.
Wir hoffen, **dass die Folgen des Unglücks bald gemindert werden können.**
(Der gekennzeichnete Satz ist ein **Objektsatz.** Man fragt nach ihm: Wen oder was hoffen wir? → dass die Folgen des Unglücks bald gemindert werden können.)

Aufgabe 50 (Aufzählung, Satzreihe), Seite 166:
So wären die Satzzeichen zu setzen:

In Italien kann man sich gut entspannen und auch viel Interessantes kennenlernen. (Es steht kein Komma, da es sich um eine Aufzählung von Verben in ihrer Funktion als Prädikate handelt, vgl. Regel 106.)
In Italien kann man sich gut entspannen und man kann auch viel Interessantes kennenlernen. (Es steht kein Komma, da es sich um eine Satzreihe handelt, zwischen deren Teilsätzen die nebenordnende Konjunktion *und* steht, vgl. Regel 110.)

Man kann große Kunst bestaunen, man kann sich aber auch von dem Ambiente einfangen lassen. (Es steht ein Komma, da der zweite Hauptsatz dieser Satzreihe mit der entgegenstellenden Konjunktion *aber* verbunden ist, vgl. Regel 111.)

Viele Besucher mögen den Reiz dieses Landes oder sie mögen die Mentalität der Menschen. (Es steht kein Komma, da es sich um eine Satzreihe handelt, zwischen deren Teilsätzen die nebenordnende Konjunktion *oder* steht, vgl. Regel 110.)

Die Heiterkeit des südlichen Himmels färbt schnell auf die Stimmung ab und lässt alles in einem angenehmen Licht erscheinen. (Es steht kein Komma, s. o. Regel 106.)

Aufgabe 51 (Satzgefüge), Seite 171:
Das zweite Komma muss gesetzt werden wegen Regel 106: *Bei Aufzählung gleichrangiger Wörter oder Wortgruppen steht ein Komma.*
Das vorliegende Satzgefüge beginnt mit einem Hauptsatz, dem drei aufgezählte Attributsätze folgen. Da Gliedsätze letztlich nichts anderes als (geräumige) Satzglieder sind, gelten für sie dieselben Regeln wie für die normalen Satzglieder.

Aufgabe 52 (Infinitivgruppen u. Ä.), Seite 175:
Die Kommas wären so zu erklären:

Herzlich **verabschiedet, so** machten wir uns auf den Heimweg. (Regel 117: Es liegt eine **Partizipgruppe** vor, die mit dem hinweisenden Wort *so* wieder aufgenommen wird.)

Unser **Entschluss,** bald **wiederzukommen**, stand fest. (Regel 115: Es liegt eine **Infinitivgruppe** vor, die vom Substantiv *Entschluss* abhängt; sie wird von zwei Kommas eingerahmt.)

Einige Sterne, **besonders** der Sirius, leuchten sehr hell. (Regel 118: Es liegt ein **nachgestellter Zusatz** vor, der durch das Wort *besonders* eingeleitet wird; es wird ebenfalls von zwei Kommas eingerahmt.)

Um den Sternenhimmel betrachten **zu können,** muss man ins weite Land oder an die Küste fahren. (Regel 114: Es liegt eine **Infinitivgruppe** vor, die mit *um* ... *zu* eingeleitet wird.)

Wir sind **darauf** eingestellt, nicht immer freie Sicht **zu haben.** (Regel 116: Es liegt eine **Infinitivgruppe** vor, die von dem hinweisenden Wort *darauf* angekündigt wird.)

Aufgabe 53 (Klammern und Gedankenstriche), Seite 177:
Alle Punkte der eigeschobenen Sätze sind zu streichen.

zu Seite 8:
Von Hieroglyphen zu Buchstaben
Aus: Brockhaus-Enzyklopädie in 24 Bd., Bd. 10, Mannheim 1989, S. 65.

zu Seite 9:
Aus einem Speiseplan (16. Jh.)
Aus: Edith Ennen: Frauen im Mittelalter, München, 2. Auflage 1985, S. 224.

Aus einem Brief von Goethe an seine Schwester (21. 06. 1765)
Aus: Goethe-Briefe, Bd. 1, hrsg. von Karl Robert Mandelkow unter Mitarbeit von Bodo Morawe, München 1988, S. 10.

Zu Seite 142:
Johann Elias Meichszner: Handtbuechlin grundlichs berichts Recht vnd wolschrybens der Orthographie vnd Grammatic, Tübingen 1538.
Aus: Deutsche Grammatiken des 16. bis 18. Jahrhunderts, hrsg. von Monika Rössing-Hager, Hildesheim 1976.

Zu Seite 143:
Der Volksbote. Politische und gemeinnützige Wochenschrift für Stadt und Land, Nr. 34, 23. August 1848
Zitiert nach David Crystal: Die Cambridge Enzyklopädie der Sprache, Frankfurt a. M./New York 1987, S. 215.